城市轨道交通信号专业精品教材

城市轨道交通车辆段信号系统

主编　邓丽敏　李文超
主审　林瑜筠

北京交通大学出版社
·北京·

内 容 简 介

本书全面介绍城市轨道交通车辆段信号系统的组成、信号基础设备的结构和工作原理，计算机联锁系统的电路原理，以及试车线信号系统。

本书可作为普通高等学校、高职院校城市轨道交通信号专业的教材，也可作为从事城市轨道交通信号工作的工程技术人员和技术工人的学习资料，以及城市轨道交通技术培训用书。

版权所有，侵权必究。

图书在版编目（CIP）数据

城市轨道交通车辆段信号系统 / 邓丽敏，李文超主编. —北京：北京交通大学出版社，2019.2

ISBN 978-7-5121-3790-5

Ⅰ. ① 城… Ⅱ. ① 邓… ② 李… Ⅲ. ① 城市铁路–交通信号–信号系统 Ⅳ. ① U239.5

中国版本图书馆 CIP 数据核字（2018）第 263626 号

城市轨道交通车辆段信号系统
CHENGSHI GUIDAO JIAOTONG CHELIANGDUAN XINHAO XITONG

策划编辑：张 亮 严慧明 责任编辑：严慧明
出版发行：北京交通大学出版社 电话：010-51686414 http://www.bjtup.com.cn
地 址：北京市海淀区高梁桥斜街 44 号 邮编：100044
印 刷 者：艺堂印刷（天津）有限公司
经 销：全国新华书店
开 本：185 mm×260 mm 印张：10.25 字数：281 千字 插页：1
版 次：2019 年 2 月第 1 版 2019 年 2 月第 1 次印刷
书 号：ISBN 978-7-5121-3790-5/U·342
定 价：35.00 元

本书如有质量问题，请向北京交通大学出版社质监组反映。对您的意见和批评，我们表示欢迎和感谢。
投诉电话：010-51686043，51686008；传真：010-62225406；E-mail：press@bjtu.edu.cn。

前　言

城市轨道交通（包括地下铁道和轻轨交通）具有运量大、速度快、安全可靠、污染轻、受其他交通方式干扰小等特点，对改变城市交通拥挤、乘车困难、行车速度下降、空气污染是行之有效的。因此，城市轨道交通是现代化都市所必需的。20 世纪 90 年代以来，我国城市轨道交通加快了建设步伐，尤其是进入 21 世纪，迎来了城市轨道交通建设的高潮。目前，除北京、上海、天津、重庆、广州、深圳、武汉、南京、杭州、宁波、厦门、青岛、沈阳、大连、长春、哈尔滨、成都、西安、苏州、无锡、福州、南昌、长沙、昆明、郑州、合肥、南宁、石家庄、佛山、东莞、贵阳等城市已建成规模和档次不同的地铁和轻轨并进行扩展和延伸外，还有常州、徐州、南通、绍兴、洛阳、济南、兰州、乌鲁木齐、芜湖、太原、呼和浩特等地也正在建设。此外，香港、台北、高雄、桃园也在运营城市轨道交通。我国城市轨道交通总里程已超过 5 000 km，居世界第一位，而且许多线路正在建设中，呈现着十分广阔的发展前景。

在城市轨道交通的各系统中，信号系统是非常重要和关键的，具有不可替代的作用。城市轨道交通的安全、速度、输送能力和效率与信号系统密切相关，采用 CBTC 系统已成为城市轨道交通的共同选择。信号系统不仅是城市轨道交通安全运行的保证，而且实际上已成为城市轨道交通调度指挥和运营管理的中枢神经。选择合适的信号系统可以产生巨大的经济效益和社会效益。

本书主要介绍车辆段信号系统。第一章车辆段信号系统综述，介绍城市轨道交通车辆段信号系统的特点、组成等。第二章信号基础设备，介绍直流电动转辙机、轨道电路的结构和原理等。第三章联锁系统，介绍联锁表、计算机联锁系统的组成等。第四章车辆段的 ATC 系统，介绍出入车辆段的运行、车辆段的 ATC 设备。第五章试车线信号系统，介绍试车线的信号设备组成、联锁图表等。

本书与《城市轨道交通信号概论》合理分工，既互相呼应、互相补充，又不重复。对于信号机，本书不介绍其基本组成和基本原理，主要介绍信号机的设置、命名、显示。对于电动转辙机，本书不介绍其基本组成和基本原理，主要介绍直流电动转辙机的设置、结构和动作原理。对于轨道电路，本书不介绍其基本组成和基本原理，主要介绍 50 Hz 相敏轨道电路。对于计算机联锁系统，本书不介绍其基本组成和基本原理，以及各型计算机联锁系统，主要介绍计算机联锁电路。

本书由南京铁道职业技术学院邓丽敏、南京铁道职业技术学院李文超担任主编，由天津铁道职业技术学院杨润广、南通航运职业技术学院李胜永、洛阳铁路信息工程学校张建平、洛阳铁路信息工程学校王佩硕担任副主编，由南京铁道职业技术学院林瑜筠担任主审。邓丽敏编写第一章，李文超编写第二章，杨润广编写第三章，李胜永编写第四章，张建平、王佩硕编写第五章。

由于我国城市轨道交通设备制式纷杂，资料难以搜集齐全，再加上编者水平有限，时间仓促，书中不免有错误、疏漏、不妥之处，恳望读者批评指正，以不断提高本书的水平，为我国城市轨道交通事业的发展尽绵薄之力。

编　者

2018 年 12 月

目　　录

附图 1　A 车辆段的信号设备平面布置图（见书末插页）

附图 2　B 车辆段的信号设备平面布置图

 第一章

车辆段信号系统综述

第一节 车辆段简介

一、车辆段的功能

城市轨道交通车辆保有量较多，运行时间长，技术要求高，安全可靠性指标高，对车辆的运用、维护保养、检修均有很高的要求，需设置专门的机构完成。这一机构即为车辆基地，其主要任务是用于车辆的运用、保养和修理，使运行车辆保持良好的技术状态，确保行车安全，提高车辆的运行效益。车辆基地是城市轨道交通系统的重要组成部分，车辆基地一般称为车辆段。

车辆段是城市轨道交通车辆停放、检查、整备、运用和修理的管理中心。车辆段担负全线车辆的运用、维护和检修任务，每天进出车频繁，与正线关系密切，而且线路、设备和房屋建筑多，工艺要求严格，因此，车辆段与综合基地的总平面布置应以车辆段为主体。

二、车辆段的设置

1. 车辆段的数量

为充分利用设备、便于管理、节约投资，通常将停车场和车辆段合并设置在一起，统称为车辆段。一般每条线路设一个车辆段，只是在线路较长（如超过 20 km），或车辆段用地面积受限制，或运营的特殊需要等情况下，为了减少列车空走距离、有利于运营和分担车辆的检查清洗工作量，才在线路的另一端独立设置停车场，负责部分车辆的停放、运用、检查和整备工作。

当技术经济合理时，也可以两条或两条以上线路共设一个车辆段。在特大城市，当轨道交通车辆较多时，才考虑一条线路设置第二个车辆段。

按引入车辆段的线路数量，车辆段可分为单一运营车辆段和多线共址车辆段。单一运营车辆段只有一条线路引入，是该线路单独运营的车辆段。多线共址车辆段有多条线路引入，是多条线路公用的车辆段。

2. 车辆段的设置位置

从运营效率来看，车辆段设在线路中部较好。但是城市轨道交通线路一般都穿越市区，线路中部多为市中心地区，要征用大规模用地是不可能的。因此，往往在城市边缘区或郊区

征用土地，采取在线路端部设置车辆段的方法。这种方式与线路起、终点在郊外，线路中部穿过市中心的情况相配合，早上车辆由车辆段向市中心方向发车，晚上车辆往郊外方向入车辆段，配车的损失时间减少。

3. 车辆段的设置方式

车辆段均设在地面，采用平面布置，使投资大幅度降低，调车作业方便易行，管理较为方便。

车辆段如立体设置，对于高架结构的轨道交通而言，列车不需经常运行在长大上下坡道出入库，但是投资难以承受。

4. 车辆段的布置形式

车辆段的平面布置应力求作业顺畅、工序紧凑合理。与正线车站联系的布置方式可以分为尽头式和贯通式两种，如图 1-1 所示。车辆段采用贯通式布置时，应设联络停车场两端咽喉区的走行线。

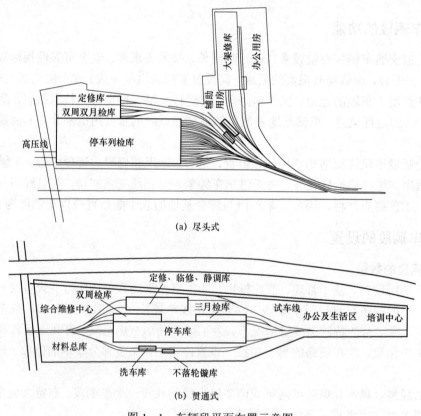

图 1-1　车辆段平面布置示意图

三、车辆段与停车场

根据功能，车辆基地可分为检修车辆段（简称车辆段）和运用停车场（简称停车场）。

尽管"车辆段"这一名称仍属外来语，但其在我国已沿用数十年，同时考虑到我国铁路系统也一直沿用该名称，因此采用"车辆段"泛指城市轨道交通车辆检修设施和运用整备设施的总称，并将车辆检修设施和运用整备设施分别称为车辆段和停车场。

车辆段必须配备相应修程的各种检修设备和设施，包括检修库和各种检修线路、各种辅助生产车间和设备及为车辆检修服务的各种设施，如试车线、镟轮线、给水设备、供电设备和污水处理设备等。

停车场（独立设置的，下同）往往只配备停放车辆的股道和一般车辆维修整备设备，仅能完成车辆的运用管理、清洁整备、列车安全检查和月检等日常维修保养工作。简单的停车场也可不担负月检任务，其月检设施可设于相关车辆段内。

车辆段与停车场的区别在于以下几点。

（1）作业范围不同

除运用管理外，车辆段必须完成车辆检修的相应修程，而停车场只承担日常维修保养工作。

（2）设备和设施多少

除停车线路外，车辆段必须配备相应修程的各种检修设备和设施，而停车场往往只配备一般车辆维修整备设备。

（3）规模大小

车辆段设备和设施多，且与综合基地合建，占地面积大，规模大，而停车场规模相对较小。

（4）设置与否

一般每条线路必须设一个车辆段，而停车场只有运行线路较长时才设。

（5）隶属关系不同

车辆段是城市轨道交通的独立生产单位，而停车场隶属于相关的车辆段。

四、车辆段的组成

车辆段总体上主要分为三个部分：咽喉部分、线路部分及车库部分。

1. 咽喉部分

咽喉部分是车辆段的线路部分及车库部分与正线的连接地段，有出入段线和很多道岔，它直接影响整个轨道交通的正常运行。咽喉部分既要注意保证行车安全、满足输送能力的需要，又要保证必要的平行作业，要尽量缩短咽喉区长度，以节省用地。

出入段线应在车站接轨，接轨站宜选在邻近的车站或线路的终点站，有条件时可选在折返站。出入段线应按双线双向运行设计，并避免切割正线，有条件时可结合段型布置，实现列车调头转向功能。出入段线应根据行车和信号的要求，留有必要的信号转换作业长度。停车场出入段线可根据需要设计为双线或单线。

2. 线路部分

线路部分有各种不同用途的线路，包括停车线、洗车线、牵出线、试车线及材料线等。

3. 车库部分

车库部分有停车库、检修库，各库之间应有便捷的联系。

（1）停车库

停车库主要用于夜间收车后车辆集中停放，以及停放备用车辆。除了停放车辆外，它还是车辆日常检修保养的场所，用于车辆编组、清扫、整备、维修和日常管理，所以设有检查坑。停车库不仅要有足够的轨道停车位，同时还要配置管理人员、乘务员工作和活动休息的场所。

停车库以车辆进出便捷为原则，规模不宜过大，应保证满足所有车辆停放的需求，需在停车库停放的车辆数是运用车辆与备有车辆的和。

为便于列车进出，一条停车线存放的列车数不应超过两列。

停车库内有检车线、停车线、洗车线、列检线。检车线用以做简单的维护保养作业。停车线专门用于停车，需配置雨棚、站台，便于车辆的简单维护保养，降低车辆的自然破损（常用封闭式车库）。洗车线设置于停车库与运行线路之间，专门用于车辆清洗，设有洗车设备及污水处理设施。列检线专门用于一般检查。

（2）检修库

检修库根据其性质，包括：列检库、双月检库、定修库、架修库、大修库等。列检库完成列检作业，也可在停车库列检线完成列检作业。双月检库完成列车双月检作业。定修库完成列车定修作业。架修库完成列车架修作业。大修库完成列车大修作业。按车辆检修修程、检修内容、车辆数设置各检修库的线路、设备容量及人员等。检修车辆停放于检修库内。

检修库内有出入库线、检修线、车体整修线、试车线、镟轮线和其他线路。出入库线是检修库与停车库直接与正线连接的线路。检修线设在各检修库内，用于检修。车体整修线用于完成分解车体、喷丸除锈、结构整修、车体组装等作业。试车线用于完成定修、架修、大修等修程的车辆进行试车检测。镟轮线是当轮对磨耗不对称（圆度、斜面不等）时进行镟轮作业的线路。其他线路有：调车用牵出线、与铁路的联络线、内燃机车线、材料线等。

第二节　车辆段信号系统组成

车辆段信号系统包括 ATS 分机、车辆段终端、联锁设备、维修终端、信号机、转辙机、轨道电路或计轴器、电源设备，如图 1-2 所示。

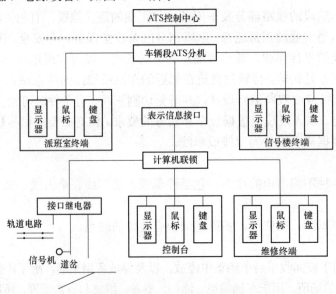

图 1-2　车辆段信号系统

车辆段的信号系统由以下部分组成：

1. ATS 分机

车辆段设一台 ATS 分机，用于采集车辆段内存车库线的列车占用及进/出车辆段的列车信号机的状态，以在控制中心显示屏上给出以上信息的显示。

2. 车辆段终端

车辆段派班室和信号楼控制台室各设一台终端，与车辆段 ATS 分机相连。

3. 联锁设备

车辆段设一套联锁设备，实现车辆段的进路控制，并通过车辆段 ATS 分机与控制中心交换信息。联锁设备只受车辆段值班员人工控制。

4. 维修终端

设备室内设维修用显示器、键盘及鼠标，显示与控制室相同的内容及维修、监测有关信息，并能对信号设备进行自动或手动测试，但不能控制进路。

5. 信号机

车辆段入口处设进段信号机，出口处设出段信号机。存车库线中间进段方向设列车阻挡信号机，段内其他地点根据需要设调车信号机。

6. 转辙机

车辆段内每组道岔设一台 ZD6 系列电动转辙机。

7. 轨道电路或计轴器

车辆段内轨道电路采用 50 Hz 相敏轨道电路或计轴器，以检查列车的占用和空闲。

8. 电源设备

车辆段信号楼内设置适合于联锁设备、ATS 设备的 UPS 及蓄电池。

采用无人自动驾驶的线路，车辆段内应设与正线相同的 ATP/ATO 设备。

第三节　信号设备平面布置图

信号设备平面布置图是室外信号设备的布置图。附图 1（见书末插页）为 A 车辆段的信号设备平面布置图，附图 2（扫描目录后二维码查看）为 B 车辆段的信号设备平面布置图。

一、信号设备平面布置图的内容

信号设备平面布置图包括以下内容：

① 集中区范围内的线路，以及与集中区范围有密切联系的非集中线路。

② 所有集中区范围内的道岔的编号及定位状态，并标出每组岔尖坐标（距信号楼中心的距离，下同）。

③ 信号机的名称、灯光配列及其坐标。

④ 轨道区段的划分，标出股道和无岔区段的名称。对不与信号机并置和不是渡线上的绝缘节，应标出其坐标。侵限绝缘节应用圆圈标出。

⑤ 与信号机位置有关的及侵限绝缘节处的警冲标坐标。

⑥ 信号楼设置位置，并标出其距该线路起点站的公里标数，以及信号楼外墙至最近线路中心的距离。

⑦ 道岔类型和数量、股道有效长的统计表。

二、转换轨的设置

在正线与车辆段衔接处，必须设转换区段，称为转换轨，用于转换列车控制模式。正线与车辆段采用不同的信号系统，正线由 ATC 系统控制，车辆段由联锁系统控制，不受 ATC 系统控制。列车出车辆段时，从车辆段进入正线，必须由非 ATC 模式转为受 ATC 系统控制；列车进车辆段时，从正线进入车辆段，必须退出受 ATC 系统控制，转换为非 ATC 模式。这一信号系统的转接，在转换轨完成。在未采用 CBTC 系统的车辆段，信号系统的转接是由转换轨轨道电路来完成的。转换轨还用于 ATP 系统的初始化，并进行轮径校正。

转换轨有两种设置方式：第一种，设在车辆段内，如附图 1（见书末插页）所示；第二种，设在车辆段外，如附图 2（扫描目录后二维码查看）所示。除了考虑站场布置外，各有利弊。

转换轨设在车辆段一侧，即设在进车辆段信号机内方，进车辆段信号机与出车辆段信号机并置，此时转换轨由车辆段控制，界面欠清晰，车辆段内存在非 CBTC 和 CBTC 两种模式，调车作业会干扰正线行车作业，从而影响出车辆段能力。

转换轨设在正线接轨站一侧，即设在进车辆段信号机外方，此时转换轨由正线接轨站控制，界面清晰，无论进车辆段信号机与出车辆段信号机并置还是差置，调车作业均在车辆段内进行。

对于全自动无人驾驶的线路，需考虑特定转换轨的设置，以转换列车驾驶模式。列车由无人驾驶区进入有人驾驶区，需自动驾驶至转换轨停车，自动打开相应侧车门，等待司机上车。司机上车后，将自动驾驶模式转换为人工驾驶模式，按地面信号的指示运行。列车由有人驾驶区进入无人驾驶区，需人工驾驶至转换轨停车，将驾驶模式转换为自动驾驶模式，司机下车，按压设在地面的自动驾驶按钮，待条件具备后，列车自动关闭车门，按信号指示要求自动驾驶至无人区运行。这里的转换轨显然不同于前述的转换轨。

采取无人驾驶模式后，车辆段内大部分区域纳入无人驾驶区范围，可取消设于正线车站和车辆段之间的转换轨，以缩短车辆段的占地。车辆段内无人驾驶区和有人驾驶区完全隔离配置，它们之间的转换轨可设置在两驾驶区之间的渡线上。

三、集中区的划分

集中区，或称联锁区，是指车辆段内纳入联锁且由信号楼集中控制的区域。根据实际情况，部分较少运用的库线可以不纳入集中区。

划分集中区就是确定车辆段内哪些设备由信号楼集中控制。

出入段线转换轨处及转换轨外方的出段信号机、计轴器、应答器由相接的正线车站控制。试车线上的列车信号机、计轴器由试车线控制。

四、信号机的设置

1. 进段信号机的设置

车辆段的每条出入段线的始端都必须设置进段信号机。

2. 出段信号机的设置

出段信号机由相接的正线车站控制，在车辆段的信号设备平面布置图上必须表示出来。

转换轨设在车辆段内时，出段信号机与进段信号机并置，如附图 1（见书末插页）所示。

转换轨设在车辆段外时，出段信号机设在转换轨另一端端部，如附图 2（扫描目录后二维码查看）所示。

3. 进、出库信号机的设置

列车进段后的进库进路有两种处理方法：一是按调车进路进库；二是按列车进路进库。如按调车进路进库，不需要设置进、出库信号机，如附图 1（见书末插页）所示。如按列车进路进库，则在进段信号机内方设置进库信号机，相应地在每条出库线端部设置出库信号机，如附图 2（扫描目录后二维码查看）所示。

4. 调车信号机的设置

调车信号机用以指示段内各种调车作业，如编组、解体、摘挂、转线、车辆的取送等。调车信号机的设置应根据车辆段的调车作业过程和调车工作的繁忙程度、段内必要的平行进路和较短的车辆走行距离而确定。由于各个站场线路布置情况和调车作业复杂程度不同，布置调车信号机的灵活性很大。一般来说，布置调车信号机的原则是最大限度地满足调车作业需要，但又不能单纯地追求调车信号机的数量和过多地划分轨道区段，因为这不仅将增加工程投资，而且会造成设备复杂，给长期的维修工作带来不便。

调车信号机的设置一般应考虑下列几种情况。

在尽头线通向集中区的入口处，均应装设调车信号机。这类信号机统称为尽头线调车信号机。

在咽喉区，应设置起转线、平行作业、减少调车车列走行距离等作用的调车信号机。设于咽喉区的调车信号机称为咽喉区调车信号机。按设置情况，咽喉区调车信号机分为单置、并置、差置三种。在线路一侧单独设置的调车信号机称为单置调车信号机，如附图 1（见书末插页）中的 D_5。在线路两侧并列设置的调车信号机称为并置调车信号机，如附图 1（见书末插页）中的 D_7、D_8。当两架背向调车信号机之间可构成不小于 50 m 的无岔区段时，称为差置调车信号机，如附图 1（见书末插页）中的 D_{12}、D_{21}。设置了差置调车信号机就可以利用无岔区段进行调车作业。

在同时能存放两列及以上列车的停车线中间进段方向设列车阻挡信号机（兼作调车信号机）。

调车信号机按其所起作用分为起始调车信号机、折返调车信号机和阻挡调车信号机。尽头线调车信号机只能作为起始调车信号机。有的咽喉区调车信号机仅作为调车折返用，但多数咽喉区调车信号机既可作为折返调车信号机，又可作为列车阻挡信号机。

布置调车信号机的顺序是：首先布置集中区边界处的防护信号机和转线作业用的信号机；再将满足平行作业起阻挡作用的信号机及减少调车车列走行距离的折返用的信号机布置好；最后再考虑有无因特殊情况需要设置的调车信号机。布置调车信号机时，应去现场勘测调查，熟悉调车作业情况，收集调车作业资料，广泛听取现场调车员、连接员、调车机车司机等有关人员对于设置调车信号机的意见，对初步设置的调车信号机进行必要的调整，以便使得调车信号机的布置既能方便运输又经济合理。

5. 信号机的命名

对于不同用途的信号机，设置地点不同，命名也不同。

车辆段的进段信号机冠以"JD"，出段信号机冠以"CD"。一般为两条进出段线，后缀编号，以1、2区分。有第三条进出段线的，进段信号机命名为"JD$_3$"，出段信号机命名为"CD$_3$"。

进库信号机冠以"JK"，和进段信号机一样，以1、2区分。出库信号机冠以"CK"，后缀运用线的编号。

列车阻挡信号机和调车信号机冠以"D"，下缀编号，从段外向段内顺序编号。在同时能存放两列及以上列车的停车线中间进库方向设列车阻挡信号机（可兼作调车信号机），该信号机并置调车信号机，此时，列车阻挡信号机命名为"D$_{xx}$B"，并置调车信号机命名为"D$_{xx}$A"。

或者根据业主要求进行命名。如上海轨道交通规定：正线往车辆段方向的列车信号机冠以"X"；车辆段往正线方向的列车信号机冠以"S"；入段线上的入段信号机序号采用字母A，其余线上的入段信号机序号为字母 B，C，…递增编号；出段线上的总出段信号机的序号采用罗马数字 Ⅰ，其余线上的出段信号机序号采用Ⅱ，Ⅲ，…递增编号；以入段信号机为起点，调车信号机的序号由近及远从01开始递增编号；同一坐标的调车信号机从上到下顺序编号。

6. 信号机机构的选用和灯光配列

色灯信号机的机构有二显示和三显示两种。

（1）信号机灯光配列和应用的规定

① 当根据实际情况需要减少灯位时，应以空位停用方式处理。减少灯位的处理方式可以保持信号机应有的外形，防止司机误认。不允许改变信号机外形，因为信号机的外形是识别信号机类型的重要标志。例如，列车阻挡信号机采用三显示机构，绿灯封闭。

② 当两种不同颜色的灯光组成一种信号显示时，如进段信号机黄、红灯光显示为引导信号，可允许采用同一个三显示机构的上下两灯位来显示，但其间必须间隔一个灯位。

（2）各种信号机的灯光配列

① 进段信号机。进段信号机采用高柱三显示机构，自上而下灯位为黄、绿、红。

② 出段信号机。出段信号机采用高柱二显示机构，自上而下灯位为绿、红。

③ 进、出库信号机。进库信号机和出库信号机采用矮型三显示机构，自上而下灯位为黄、月白、红。

④ 列车阻挡信号机。列车阻挡信号机采用矮型三显示机构，自上而下灯位为绿（封闭）、月白、红。

⑤ 调车信号机。调车信号机采用二显示机构。如按列车进路进库，设有进、出库信号机，此时，调车信号机自上而下灯位是月白、蓝灯。如按调车进路进库，不设置进、出库信号机，此时，调车信号机的蓝灯可用红灯代替。

五、转辙机的设置

要根据道岔的类型和辙叉号确定转辙机类型和数量。道岔分为普通道岔、AT道岔。车辆段内采用50 kg/m 钢轨，7号普通道岔，每组道岔由一台转辙机牵引，采用ZD6-D型直流电动转辙机，内锁闭。试车线采用60 kg/m 钢轨，9号AT道岔，每组道岔由两台转辙机牵引，可采用S700 K型或ZYJ7型或ZDJ9型交流转辙机，外锁闭。

六、轨道电路区段的划分

集中区内所有列车和调车进路均应装设轨道电路。轨道电路区段的划分是根据车辆段作业情况和轨道电路技术特性进行的。站内轨道区段的划分，应保证轨道电路的可靠工作、满足排列平行进路的需要和便于车站作业。

1. 轨道区段划分的原则

符合下列条件之一的区段，应装设轨道电路。如：段内的列车进路和调车进路；装有转辙机集中控制的道岔区段；需要监督是否被车占用的其他线路区段及为了特定目的而确定的线路区段。轨道区段划分的原则有以下几条：

① 车辆段内凡设置信号机的地方，都要用钢轨绝缘把信号机前后方线路划分成不同的轨道电路区段。

② 停车线、检修线、静调线、吹扫线、月检线、定修线、牵出线、机车走行线等经常使用的线路均应设轨道电路区段。

③ 同一道岔区段轨道电路，一般不应超过三组单动道岔或两组复式交分道岔。

④ 一送多受轨道电路最多不应超过三个受电端。一送四受轨道电路，因维修调整困难，不再使用。遇有此种情况应分成两个轨道电路区段。

⑤ 计算机联锁的进路采用逐段解锁制，为了提高线路运用效率和咽喉区通过能力，可以将轨道电路区段适当划短。

⑥ 凡能够构成平行进路的两条线路之间，应设置钢轨绝缘将它们隔成不同的轨道电路区段。渡线间的绝缘节的设置，满足了渡线道岔处于定位时，分别经渡线两道岔定位的平行进路的建立。

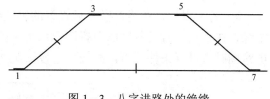

图 1-3　八字进路处的绝缘

⑦ 遇有八字进路时，即遇图 1-3 所示的道岔布置时，应将 1 号与 7 号道岔划分在两个轨道电路区段。

⑧ 还要考虑轨道电路的极限长度（允许长度）。任何情况下，轨道电路长度不能超过该制式轨道电路的极限长度。例如在一送一受情况下，50 Hz 相敏轨道电路无受电分支的允许长度如表 1-1 所示。

表 1-1　50 Hz 相敏轨道电路无受电分支的允许长度（一送一受）　　单位：m

分类	一个分支	两个分支	三个分支
长度	1 000	900	800

2. 段内区段轨道电路的命名

段内区段包括道岔区段和无岔区段，其中的轨道电路采用不同的命名方式。

（1）道岔区段轨道电路的命名

道岔区段轨道电路是依据道岔编号来命名的。只包含一组道岔的，用其所包含的道岔编号来命名，如 39DG。包含两组道岔的，用两组道岔编号连缀来命名，如 1-2DG。若包含三组道岔，则以两端的道岔编号连缀来命名。

（2）无岔区段轨道电路的命名

对于停车线、检修线，以线路编号命名。同时能存放两列列车的停车线、检修线分成两段，如 1AG、1BG。

差置调车信号机之间的无岔区段，以两端相邻的道岔编号写成分数形式来表示，如 D_{12}、D_{21} 间的 8/14WG。

牵出线、机车走行线、库线等调车信号机外方的接近区段，用调车信号机编号后加 G 来表示，如 D_1G。

一送多受区段，主支路按以上顺序编号，其他支路后缀 -1，-2，…。

或者根据业主要求进行命名。如上海轨道交通规定，道岔区段冠以"GC"，无岔区段冠以"G"，编号同上述。

3. 轨道检查设备的选用

车辆段轨道检查设备可采用 50 Hz 相敏轨道电路，50 Hz 相敏轨道电路又有继电式和微电子式两种。也可以采用计轴器。

4. 钢轨绝缘位置的确定

采用 50 Hz 相敏轨道电路时，必须采用钢轨绝缘，设置如下：

① 信号机处的两钢轨绝缘，原则上应当和信号机并列。当不能设于同一坐标处时，绝缘可设在信号机前方或后方 1 m 的范围内。

② 道岔区段的钢轨绝缘，在岔尖一端的设在基本轨的接缝处，在辙叉一端的设在距警冲标 3.5～4 m 处。渡线上钢轨绝缘不受此限制。

③ 若不得已，在道岔辙叉后设置的钢轨绝缘距警冲标的距离少于 3.5 m 时，称为侵限绝缘，在车站信号设备平面布置图上以绝缘外加一圆圈表示，如图 1-4 所示。作联锁表和电路图时需进行条件检查，充分考虑侵限绝缘的防护问题。

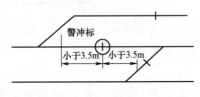

图 1-4　侵限绝缘

④ 牵出线、机车走行线、库线等上的钢轨绝缘，应尽可能设在尽头处。

⑤ 两根钢轨的绝缘应尽量设在同一坐标，当不能设于同一坐标时，两绝缘错开的部分在有车占用时不能发现，称之为死区段。死区段的长度不得大于 2.5 m，如图 1-5（a）所示。这一规定避免了小车占用死区段时，电路检查不出来。为防止车辆跨压，轨道区段的长度、两相邻死区段的间隔及死区段与相邻区段的距离不得小于 18 m，如图 1-5（b）、（c）所示。当死区段小于 2.1 m 时，其与相邻死区段间的间隔或与相邻轨道电路的间隔允许为 15～18 m。

⑥ 异型钢轨接头处，不得安装钢轨绝缘。

⑦ 在轨道电路内的轨距杆、道岔连接杆、道岔连接垫板、尖端杆、各种转辙设备的安装装置和其他具有导电性能的连接钢轨的配件均应装设轨道绝缘。

5. 计轴器的设置

如果车辆段内采用计轴器来代替轨道电路，则在相应于钢轨绝缘处安装计轴器。

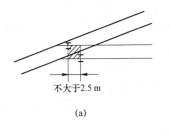

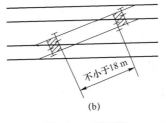

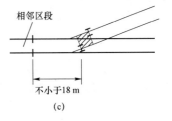

不大于2.5 m

不小于18 m

相邻区段

不小于18 m

(a)　　　　　　　　　　(b)　　　　　　　　　　(c)

图1-5　死区段

第四节　信号楼内设备布置

信号楼内设备布置包括信号系统配置示意图、信号楼内设备布置图、组合选用和组合排列表、轨道柜排列表等。

一、信号系统配置示意图

信号系统配置示意图如图1-6所示，该图清楚地表示了车辆段信号设备室、车控室、车辆段TIAS设备室的设备配置及互相之间的关系。

二、信号楼内设备布置图

信号楼内设备分别设置于信号设备室（信号计算机房和信号机械室可以分建，如合建则称为信号设备室）、信号电源室、车辆段控制室。图1-7为某车辆段信号楼内设备布置图，它清楚地表示了室内信号设备的布置，还包括了电缆径路示意。其各信号设备简况如表1-2所列。

表1-2　各信号设备简况

序号	设备名称	单位	数量	序号	设备名称	单位	数量
1	电源屏1（DYP1）	台	1	13	CI机柜	台	3
2	电源屏2（DYP2）	台	1	14	DCS机柜	台	1
3	电源屏3（DYP3）	台	1	15	ODF机柜（光缆分线机柜）	台	1
4	UPS	台	1	16	联锁/监控维护终端	台	1
5	稳压器（APS）	台	1	17	控制台	台	1
6	电池柜	台	2	18	值班员/值班长工作站（3屏/套）	套	1
7	防雷分线柜（F）	台	2	19	ATS显示终端（双屏）	套	1
8	组合柜	台	12	20	MSS维护工作站	台	1
9	监测柜（JC）	台	2	21	打印机1	台	1
10	接口柜（JK）	台	1	22	打印机2	台	1
11	FEP机柜（LATS机柜）	台	1	23	打印机3	台	1
12	信号监测机柜	台	1				

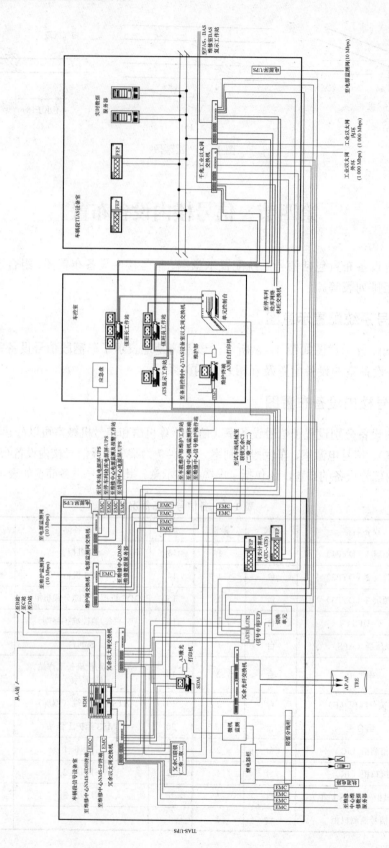

图 1-6　信号系统配置示意图

城市轨道交通车辆段信号系统

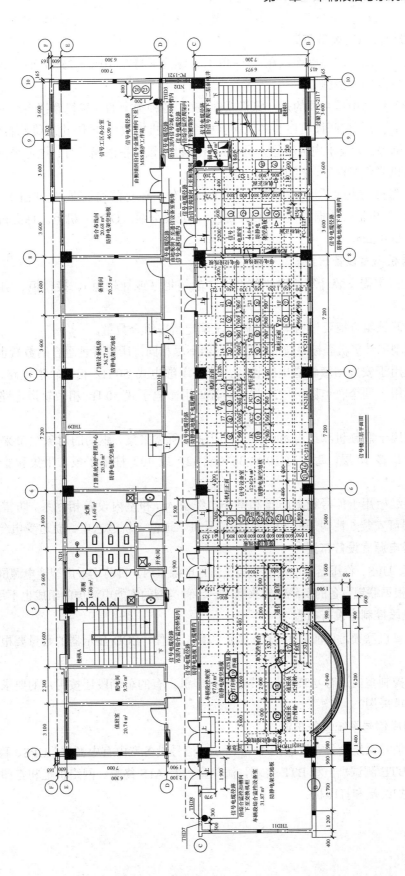

图 1-7　某车辆段信号楼内设备布置图（单位：mm）

1. 信号计算机房设备布置

信号计算机房要求温度保持在 15～30 ℃，湿度保持在 10%～75%，有完善的防静电措施、良好的密封防尘措施。

信号计算机房中最主要的是计算机联锁机柜。各种类型的计算机联锁系统的组成不尽相同，但一般均将计算机联锁机柜和其他计算机系统的机柜放成一排。电务维修台包括显示器、键盘、打印机等。为便于电务维修人员观察计算机联锁机柜的指示灯，电务维修台一般安装在正对计算机联锁机柜处，距机柜 1.2 m。

信号计算机房中除了计算机联锁（CI）机柜外，还有前端处理器（FEP）机柜（LATS 柜）、信号监测机柜、数据通信（DCS）机柜、光缆分线（ODF）机柜。标准机柜占地规格为 600 mm×800 mm。

2. 信号机械室设备布置

信号机械室需安装计算机联锁组合柜、轨道柜（或计轴柜）、接口柜、组合柜、防雷分线柜。

计算机联锁组合柜要根据车站具体情况确定所需组合数量。

各种类型的计算机联锁系统的接口继电器不尽相同，所需各种组合的数量也不相同。

轨道柜用于安放相敏轨道电路设备，若采用继电式 50 Hz 相敏轨道电路，则最多 10 层，每层可用于四个轨道区段的接收端。若采用微电子式 50 Hz 相敏轨道电路，则排列有所不同。

接口柜用于联锁机和组合柜的接口，应根据所需采集、驱动的对象数量来确定它的容量。接口柜最多 10 层，每层有 10 块 36（或 32，或 40）柱端子板，采集和驱动放在不同的层。

防雷分线柜用于信号设备防雷和室外电缆引入，和室内设备相联系。防雷分线柜分为 10 层，每层可安装 6 柱端子板 13 块，按信号机、道岔、轨道送电、轨道受电分配。

3. 信号电源室设备布置

电源屏、UPS、稳压器和电池柜安装在信号电源室内。目前均采用智能电源屏，电源屏的电源模块要根据联锁设备的负载计算来确定。各种类型的智能电源屏的组成也不尽相同。

4. 车辆段控制室设备布置

对于计算机联锁，目前采用 LCD 显示和鼠标操作，LCD 显示器的数量要根据车辆段规模确定。

车辆段控制室内还有 ATS 显示终端和打印机，有的车辆段还按用户的要求设单元控制台（建议不再采用）。

5. 运用库信号系统设备布置

运用库信号系统设备布置如图 1–8 所示。信号设备室内有电源屏、UPS、稳压器、BTE 系统主机、BTE 测试机柜和 BTE 终端，派班室内有 ATS 终端、网络机柜和打印机，车载维护部内有维护终端和打印机。

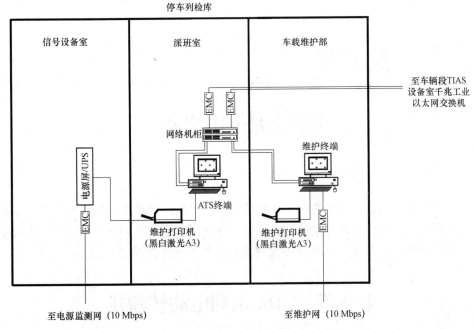

图1-8 运用库信号系统设备布置

复习思考题

1. 车辆段如何设置？有哪些功能？

2. 车辆段与停车场有何异同？

3. 简述车辆段的组成。

4. 简述车辆段信号系统的组成。

5. 阅读车辆段的信号设备平面布置图。

6. 转换轨有何作用？如何设置？

7. 集中区如何划分？

8. 信号机如何设置？如何命名？灯光如何配列？

9. 转辙机如何设置？

10. 轨道区段如何划分？如何命名？钢轨绝缘位置如何确定？

11. 车辆段信号系统如何配置？

12. 信号计算机房设备如何布置？

13. 信号机械室设备如何布置？

14. 车辆段控制室设备如何布置？

15. 运用库信号系统设备如何布置？

第二章

信号基础设备

车辆段（含停车场，下同）的信号基础设备有信号机、转辙机、轨道电路或计轴器、电缆，有的车辆段还有正线延伸过来的应答器。本章介绍车辆段用的直流转辙机、轨道电路和电缆，交流转辙机、计轴器、应答器参见《城市轨道交通正线信号系统》。

第一节　ZD6 系列电动转辙机

车辆段一般采用 7 号单开道岔，通常一组道岔由一台转辙机牵引，可采用一台 ZD6-D 型电动转辙机。

ZD6-A 型是 ZD6 系列电动转辙机的基本型，其他型号的 ZD6 系列电动转辙机都是在 ZD6-A 型基础上进行改进、完善而发展起来的。下面先介绍 ZD6-A 型电动转辙机。

一、ZD6-A 型电动转辙机

1. ZD6-A 型电动转辙机的结构

ZD6-A 型电动转辙机主要由电动机、减速器、摩擦连接器、主轴、动作杆、表示杆、移位接触器、外壳等组成，如图 2-1 所示。

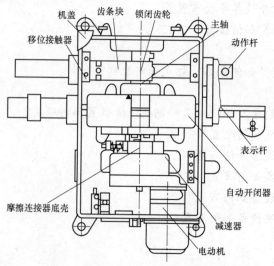

图 2-1　ZD6-A 型电动转辙机的结构

电动机为电动转辙机提供动力，采用直流串激电动机。

减速器用来降低转速以获得足够的转矩，并完成传动。减速器由第一级齿轮和第二级行星传动式减速器组成，两级间以输入轴联系。减速器由输出轴和主轴联系。

摩擦连接器构成输出轴与主轴之间的摩擦连接，防止尖轨受阻时损坏机件。

主轴由输出轴通过启动片带动旋转，主轴上安装锁闭齿轮。

锁闭齿轮和齿条块相互动作，将转动变为平动，通过动作杆带动道岔尖轨运动，并完成锁闭作用。

动作杆和齿条块用挤切销相连。正常动作时，齿条块带动动作杆。挤岔时，挤切销折断，动作杆和齿条块分离，避免机件损坏。

表示杆由前、后表示杆及两个检查块组成。表示杆随尖轨移动，只有当尖轨密贴且锁闭后，自动开闭器的检查柱才能落入表示杆缺口，接通道岔表示电路。挤岔时，表示杆被推动，顶起检查柱，从而断开道岔表示电路。

自动开闭器由静接点、动接点、速动片、速动爪、检查柱组成，用来表示道岔尖轨所在位置。

移位接触器用来监督挤切销的受损状态，道岔被挤或挤切销折断时，断开道岔表示电路。

安全接点（又称遮断接点）用来保证维修安全。正常使用时，安全接点接通，此时道岔动作电路接通。检修时，断开安全接点，以防止检修过程中电动转辙机转动影响维修人员作业。

壳体用来固定电动转辙机各部件，防护内部机件免受机械损伤和雨水、尘土侵入，提供整机安装条件。它由底壳和机盖组成。底壳是壳体的基础，也是整机安装的基础。底壳上设有特定形状的窗孔，便于整机组装和分解。机盖内侧周边有盘根槽，内镶有密封用盘根（胶垫）。

2. ZD6-A型电动转辙机的主要部件及作用

（1）电动机

电动机是电动转辙机的动力源。要求其具有足够的功率，以获得必要的转矩和转速。电动机要有较大的启动转矩，以克服尖轨与滑床板间的静摩擦。道岔需要向定、反位转换，要求电动机能够逆转。

ZD6-A型电动转辙机配用断续工作制直流串激电动机。直流电动机的正转和反转可通过改变激磁绕组（定子绕组）或电枢（转子绕组）中的电流方向来实现。为配合四线制道岔控制电路，采用正转和反转分开定子绕组的方式。电动机内部接线如图2-2所示。两个定子绕组通过公共端子分别与转子绕组串联。

（2）减速器

因体积、重量的限制，电动转辙机所用电动机功率不可能很大，为了得到较大的转矩来带动道岔转换，必须用减速器把转速降下来。

ZD6-A型电动转辙机的减速器由两级组成：第一级为定轴传动外啮合齿轮，即小齿轮带动大齿轮，减速比为103:27；第二级为渐开线内啮合行星传动式减速器，减速比为41:1。于是总减速比为（103:27）×（41:1）=156.4。

行星传动式减速器如图2-3所示。内齿轮靠摩擦连接器的摩擦作用"固定"在减速器壳内。内齿轮里装有外齿轮。外齿轮通过滚动轴承装在偏心轴套上。偏心轴套用键固定在输入轴上。外齿轮上有八个圆孔，每个圆孔内插入一根套有滚套的滚棒。八根滚棒固定在输出轴的输出圆盘上。当外齿轮做摆式旋转时，输出轴就随着旋转。

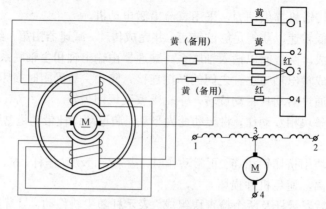

图 2-2　电动机内部接线

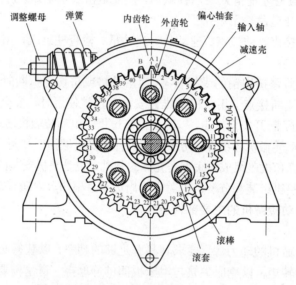

图 2-3　行星传动式减速器（单位：mm）

　　当输入轴随第一级减速齿轮顺时针旋转时，偏心轴套也顺时针旋转，使外齿轮在内齿轮里沿内齿圈做逐齿啮合的偏心运动。当输入轴旋转 1 周时，外齿轮也做 1 周偏心运动。外齿轮有 41 个齿，内齿轮有 42 个齿槽，两者相差 1 齿。因此，外齿轮做 1 周偏心运动时，外齿轮的齿在内齿轮里错位 1 齿。在正常情况下，内齿轮静止不动，迫使外齿轮在 1 周的偏心运动中反方向旋转 1 齿的角度（如图 2-3 中，外齿轮齿 1 从 A 进入 B，齿 2 进入 A）。当输入轴沿顺时针方向旋转 41 周，外齿轮沿逆时针方向旋转 1 周（齿 1 又返回原位 A），带动输出轴沿逆时针方向旋转 1 周，这样就达到了减速的目的。

　　外齿轮既在输入轴的作用下做偏心运动，又与内齿轮作用做旋转运动，类似于行星的运动，即既有自转又有公转，所以外齿轮称为行星齿轮，该种减速器称为行星传动式减速器。

　　为了达到机械转动的平衡，内齿轮里有两个外齿轮，它们共同套在一个输出轴圆盘的八根滚棒上，两个外齿轮之间偏向成 180°。

（3）传动装置

传动装置包括减速齿轮、输入轴、减速器、输出轴、启动片、主轴。减速齿轮、输入轴、减速器、输出轴作为减速装置在前面已作介绍，下面介绍启动片和主轴。

① 启动片。

启动片是介于减速器和主轴间的传动媒介，如图 2-4 所示，它连接输出轴与主轴，利用其正、反两面互相垂直成"十"字形的沟槽，在旋转时自动补偿两轴不同心的误差。它还与速动片相配合，在解锁、锁闭过程中控制自动开闭器的动作。

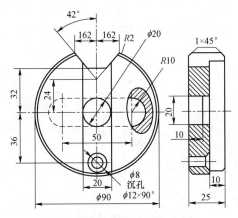

图 2-4　启动片（单位：mm）

启动片除了起连接主轴的作用外，还对自动开闭器起控制作用。启动片的十字连接方法使它与输出轴、主轴同步动作，因此能反映锁闭齿轮各个动作阶段（解锁、转换、锁闭）所对应的转角，用它来控制自动开闭器的动作最能满足要求。

启动片上有一梯形凹槽，道岔锁闭后总会有一个速动爪占据其中。道岔解锁时，启动片一方面带动主轴转动，另一方面利用其凹槽的坡面推动速动爪上的小滚轮，使速动爪抬起，以断开表示接点。在道岔转换过程中，两个速动爪均抬起。在道岔接近锁闭阶段，启动片的凹槽正好转到应速动断开道岔电动机电路的速动爪下方，与速动片配合，完成自动开闭器的速动。

② 主轴。

主轴如图 2-5 所示，主轴带动锁闭齿轮，通过与齿条块配合完成转换和锁闭道岔。主

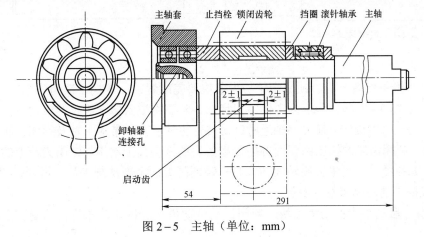

图 2-5　主轴（单位：mm）

轴上的止挡栓用来限制主轴的转角，使锁闭齿轮和齿条块达到规定的锁闭角，并保证每次解锁以后都能使两者保持最佳的啮合状态，使整机动作协调。

（4）转换锁闭装置

转换锁闭装置由锁闭齿轮、齿条块、动作杆组成，用来把旋转运动变为直线运动，以带动道岔尖轨位移，并最后完成内部锁闭。

① 锁闭齿轮和齿条块。

锁闭齿轮如图 2-6（a）所示，共有 7 个齿，其中齿 1 和齿 7 是位于中间的启动小齿，在它们之间的是锁闭圆弧。齿条块上有 6 个齿及 7 个齿槽，如图 2-6（b）所示。中间的 4 个齿是完整的齿，两边的 2 个齿是中间有缺槽的削尖齿。缺槽是为了保证锁闭齿轮上的启动小齿能顺利通过而设的。

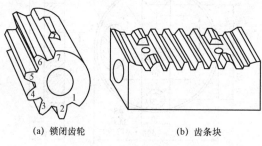

(a) 锁闭齿轮　　　　　　(b) 齿条块

图 2-6　锁闭齿轮和齿条块

当道岔在定位或反位，尖轨与基本轨密贴时，锁闭齿轮的圆弧正好与齿条块的削尖齿弧面重合，如图 2-7 所示。这时如果尖轨受到外力要发生移动，或列车经过道岔使齿条块受到水平作用力，这些力只能沿锁闭圆弧的半径方向传给锁闭齿轮，它不会转动，齿条块及固定在其圆孔中的动作杆也不能移动，这样就实现了对道岔的锁闭。

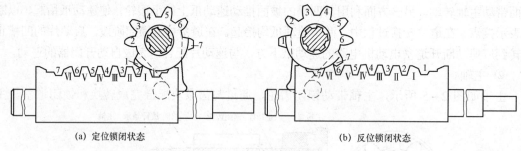

(a) 定位锁闭状态　　　　　　　　(b) 反位锁闭状态

图 2-7　转辙机的内锁闭

电动转辙机每转换一次，锁闭齿轮与齿条块要完成解锁、转换、锁闭三个过程。

a. 解锁。图 2-7（a）所示为定位锁闭状态，若要将道岔转至反位，电动机必须逆时针旋转，输入轴顺时针旋转，使输出轴逆时针旋转，通过启动片带动主轴及锁闭齿轮做逆时针转动。此时，锁闭齿轮的锁闭圆弧面首先在齿条块的削尖齿上滑退，锁闭齿轮上的启动小齿1 从削尖齿 I 旁经过。当主轴旋转 32.9° 时，锁闭圆弧面全部从削尖齿上滑开，启动小齿 1 与齿条块齿槽 1 的右侧接触，解锁完毕。

b. 转换。启动小齿拨动齿条块，锁闭齿轮带动齿条块移动，即将转动变为平动。锁闭齿轮转至 306.1°时，齿条块及动作杆向右移动了 165 mm，使原斥离尖轨转换到反位，与另一基本轨密贴。

c. 锁闭。道岔转换完毕后必须进行锁闭，否则齿条块及动作杆在外力作用下可倒退，造成"四开"的危险。道岔转换完毕后，锁闭齿轮继续转动到 339°，锁闭齿轮的启动小齿 7 在削尖齿Ⅵ旁经过，锁闭齿轮上的圆弧面与齿条块削尖齿弧面重合，实现了锁闭，如图 2-7（b）所示。此时，止挡栓碰到底壳上的止挡桩，锁闭齿轮停止转动。

② 动作杆。

动作杆是电动转辙机转换道岔的最后执行部件。动作杆一端与道岔的密贴调整杆相连接，带动尖轨运动。动作杆通过挤切销和齿条块连成一体，正常工作时，它们一起运动。之所以用挤切销连接，是为了挤岔时，动作杆和齿条块能迅速脱离联系，使电动转辙机内部机件不受损坏。挤切销分主销和副销，分别装于锁闭齿轮削尖齿中间开口处的挤切孔内。主销挤切孔为圆形，主销插入起主要连接作用。副销挤切孔为扁圆形，副销插入起备用连接作用。如果是非挤岔原因使主销折断，副销还能起到连接作用。这是因为，副销挤切孔为扁圆形，齿条块在动作杆上有 3 mm 的窜动量。

（5）自动开闭器

自动开闭器用来及时、正确反映道岔尖轨的位置，并完成控制电动机和挤岔表示的功能。在解锁过程中，由自动开闭器接点断开原表示电路，接通准备反转的动作电路；锁闭后，由自动开闭器接点自动断开电动机动作电路，接通表示电路。

自动开闭器由 4 排静接点、2 排动接点、2 个速动爪、2 个检查柱及速动片等组成。静接点、动接点、速动爪、检查柱对称地分别装于主轴的两侧，但又是一个整体。自动开闭器及其与表示杆的动作关系如图 2-8 所示。

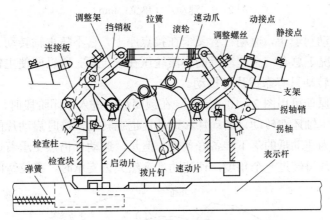

图 2-8 自动开闭器及其与表示杆的动作关系

① 自动开闭器的组成。

自动开闭器分为接点部分、动接点块传动部分及控制部分。

接点部分包括动接点块、静接点、接点座等。静接点左右对称地安装在接点座上。两组动接点块分别安装在左右拐轴上，拐轴以接点座为支承。动接点块可以在拐轴转动时改变对静接点组的接通位置。

动接点块传动部分包括速动爪及其爪尖上的滚轮、接点调整架、连接板和拐轴，这些部件在自动开闭器的左、右侧各有一套。调整接点调整架上的螺钉可以改变动接点插入静接点的深度。

控制部分由拉簧、检查柱、速动片（还应包括启动片）组成。拉簧连接两边的调整架，将两边的动接点拉向内侧，为动接点速动提供动力。检查柱在道岔正常转换时，对表示杆缺口起探测作用。道岔不密贴，缺口位置不对，检查柱不会落下，它阻止动接点块动作，不能构成道岔表示电路。挤岔时，检查柱被表示杆顶起，迫使动接点块转向外方，断开道岔表示电路。

② 速动片。

速动片如图2-9所示。它有一个矩形缺口，缺口对面有一腰形扁孔。速动片通过速动衬套套在主轴上。启动片上的拨片钉插入速动片的腰形孔中。道岔锁闭后，拨片钉总是在腰形孔的一端。道岔解锁后，主轴反转，拨片钉在腰形孔中空走一段才拨动速动片一起转动。

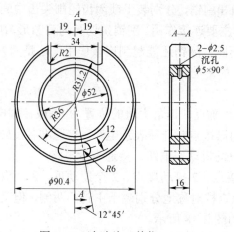

图2-9　速动片（单位：mm）

速动片套在速动衬套上，速动衬套又卡在接点座上，它不随主轴转动。速动片直径比启动片略大，正常情况下总有一个速动爪的小滚轮压在它上面，所以即使主轴转动，速动片也不会跟着转，它的转动只有靠拨片钉拨动。

速动片的速动原理可用图2-10来说明。在锁闭齿轮进入锁闭阶段时，齿条块已不再动，为了完成内锁闭，主轴还在转动，启动片和速动片也在转动。这时启动片的梯形凹槽已经转到速动爪的下方，为速动爪的落下准备好条件。但是，速动片仍然支承着速动爪，使它不能落下。只有当速动片再转过一个角度，使速动爪突然失去支承时，在拉簧的强力作用下，速

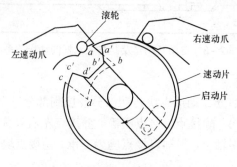

图2-10　速动片的速动原理

动爪迅速落向启动片凹槽底部，实现了自动开闭器的速动。因此速动的关键是尖爪从速动片的缺口尖角边（图中的 ab）突然跌落，否则，尖爪沿启动片梯形凹槽边（图中的 $a'b'$）下滑，就不会有速动效果。

③ 自动开闭器的动作原理。

自动开闭器的动作受启动片和速动片的控制。输出轴转动时带动启动片转动，速动片由启动片上的拨片钉带动转动，启动片、速动片及受它们控制的速动爪之间的动作关系如图 2-11 所示。

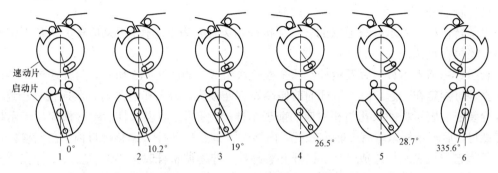

图 2-11　启动片、速动片及受它们控制的速动爪之间的动作关系

道岔在定位时，启动片沟槽与垂直线成 10.5° 角，将这个起始状态作为 0°（图 2-11 中的位置 1）。假设启动片逆时针转动，固定在左速动爪上的滚轮与启动片斜面接触，左速动爪随滚轮沿斜面滚动向上升（图 2-11 中的位置 2），使调整架、连接板、拐轴、支架等相互传动（如图 2-8 所示）。当启动片转至 10.2° 时，自动开闭器第 3 排接点断开；转至 19° 时，第 4 排接点开始接通；转至 26.5° 时，左速动爪的滚轮升至最高（图 2-11 中的位置 4），左动接点完全打入第 4 排静接点。当启动片转至 28.7° 时，拨片钉移动至速动片导槽尽头（图 2-11 中的位置 5），拨动速动片随启动片一起转动，一直转到 335.6° 时，速动片缺口对准右速动爪，在弹簧作用下，右速动爪迅速落入速动片缺口内（图 2-11 中的位置 6），带动右动接点，使第 1 排接点迅速断开，第 2 排接点迅速接通。同时，带动右检查柱落入表示杆检查块的反位缺口内，检查道岔确已转换至反位密贴状态。

④ 自动开闭器接点。

自动开闭器有 2 排动接点，4 排静接点。它们的编号是，站在电动机处观察，自右至左分别为第 1 排、第 2 排、第 3 排、第 4 排接点，如图 2-12 所示。每排接点有 3 组接点，自上而下顺序编号，第 1 排接点为 11-12、13-14、15-16，其余类推。

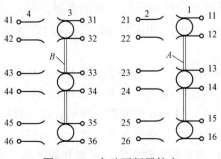

图 2-12　自动开闭器接点

若电动转辙机定位时第 1、3 排接点闭合，则电动转辙机向反位动作。解锁时，左动接点先动作，断开第 3 排接点，切断道岔定位表示电路，同时接通第 4 排接点，为反转做好准备。转换至反位后，右动接点动作，断开第 1 排接点，切断电动机动作电路，同时接通第 2 排接点，接通道岔反位表示电路。

若电动转辙机定位时第 2、4 排接点闭合，则转向反位时，右动接点先动作，断开第 2 排接点，接通第 1 排接点；转换到反位时，左动接点动作，断开第 4 排接点，接通第 3 排接点。

从反位转向定位时，接点动作情况与上述相反。

（6）表示杆

电动转辙机的表示杆与道岔的表示连接杆相连且随道岔动作，用来检查尖轨是否密贴及在定位还是在反位。

表示杆由前表示杆、后表示杆及两个检查块组成，如图 2-13 所示。两杆通过并紧螺栓和调整螺母固定在一起。前表示杆的前伸端设有连接头，用来和道岔的表示连接杆相连。并紧螺栓装在后表示杆的长孔与相对应的前表示杆的圆孔里。前表示杆后端有横穿后表示杆的调整螺母，后表示杆末端有一轴向长孔，内穿一根调整杆并拧入调整螺母内，在调整杆颈部用销子将它与后表示杆连成一体。松开并紧螺栓，拧动调整杆时，它带动后表示杆在调整螺母内前后移动。由于后表示杆前端与并紧螺栓相连的是一长孔，所以调整范围较大，为 86～167 mm，以满足不同道岔开程的需要。

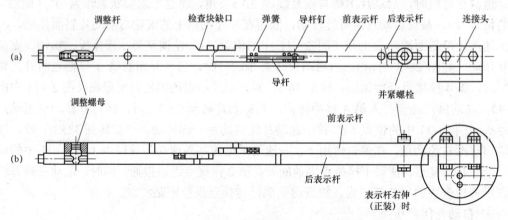

图 2-13　表示杆

为检查道岔是否密贴，在前、后表示杆的腹部空腔内分别设一个检查块。每个检查块上有一个缺口，道岔转换到位并密贴后自动开闭器所带的检查柱落入此缺口，使自动开闭器动作。两个检查块是为了满足道岔定位和反位检查的需要。若左检查柱落入后表示杆缺口中，则右检查柱将落入前表示杆缺口中，如图 2-14 所示。检查柱落入表示杆缺口时，两侧应各有 1.5 mm 的间隙。

在现场维修中，调整表示杆缺口是一项重要的工作。现场调整应在道岔密贴调整好以后进行。先在动作杆伸出位置调整表示杆螺母，使前表示杆上的标记与窗口标记重合，这时检查柱应落入表示杆缺口并保持每侧有 1.5 mm 的间隙。然后在动作杆拉入位置，道岔密贴后，松开并紧螺栓，调整后表示杆的螺母，使检查柱落入后表示杆的缺口且保持每侧有 1.5 mm 的间隙。再经几次定、反位动作试验，若设备工作正常，上紧并紧螺栓，调整工作即告完毕。

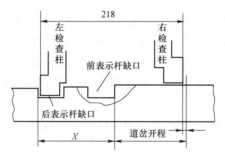

图 2-14 表示杆与检查柱的关系（单位：mm）

检查块轴向有一导杆，上面穿有弹簧和导杆钉，平时靠弹簧弹力顶住检查块，以完成对检查柱的检查。挤岔时，检查块缺口被检查柱占有，挤岔瞬间检查块动不了，挤岔的冲击力使表示杆向检查块运动，弹簧受到压缩，检查块和检查柱并未直接受到挤岔冲击力，不会损坏。另外，表示杆被挤，其缺口斜面迫使检查柱抬起，检查柱脱离检查块缺口，各部件不致受损。此时由于检查柱的抬起，自动开闭器的动接点立即退出静接点组，道岔表示电路断开。

（7）摩擦连接器

摩擦连接器是保护电动机和吸收转动惯量的连接装置。当道岔因故转不到底时，电动机电路不能断开，如果电动机突然停转，电动机将会因电流过大而烧坏。另外，在正常使用中，当道岔转换到位时，电动机的惯性将使内部机件受到撞击或毁坏。要解决这两个问题，又要在正常情况下能带动道岔转换，就要求机械传动装置不能采用硬性连接而必须采用摩擦连接。因此，在 ZD6-A 型电动转辙机的行星传动式减速器中安装了摩擦连接器。

ZD6-A 型电动转辙机的摩擦连接器通过在行星传动式减速器内齿轮延伸部分的小外圆上套以可调摩擦板构成，如图 2-15 所示。

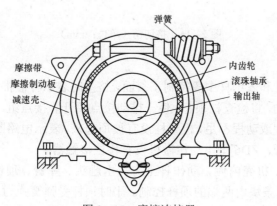

图 2-15 摩擦连接器

行星传动式减速器的内齿轮大外圆装在减速壳内，可自由滑动。内齿轮延伸部分的小外圆上装有有摩擦带的摩擦制动板。摩擦制动板下端套在固定于减速壳的夹板轴上，当上端由螺栓弹簧压紧时，内齿轮就靠摩擦作用而被"固定"。在正常情况下，依靠摩擦力，内齿轮反作用于外齿轮，使外齿轮做摆式旋转，带动输出轴转动，使道岔转换。当发生尖轨受阻不能密贴和道岔转换完毕电动机惯性运动的情况下，输出轴不能转动，外齿轮受滚棒阻止而不能自转，但在输入轴带动下做摆式运动，这样外齿轮对内齿轮产生一个作用力，使内齿轮在摩擦制动板中旋转（称为摩擦空转），消耗能量，从而保护电动机和机械传动装置。

摩擦连接器的摩擦力要调整适当，过紧会失去摩擦连接作用，损坏电动机和机件；过松会导致不能正常带动道岔转换。摩擦连接器的松紧调节通过用调整螺母调整弹簧压力来实现。调整的标准是，额定摩擦电流应为额定动作电流的 1.3～1.5 倍。

（8）挤切装置

挤切装置包括挤切销和移位接触器，用来进行挤岔保护，并给出挤岔表示。

① 挤切销。

两个挤切销（主挤切销和副挤切销）把动作杆与齿条块连成一体，如图 2-16 所示。道岔在定位或反位时，齿条块被锁闭齿轮锁住，道岔也就被锁住。挤岔时，来自尖轨的挤岔力推动动作杆，当此力超过挤切销能承受的机械力时，主、副挤切销先后被挤断，动作杆在齿条块内移动，道岔即与电动转辙机脱离机械联系，从而保护电动转辙机主要机件和尖轨不被损坏。挤岔后，只要更换挤切销即可恢复使用。

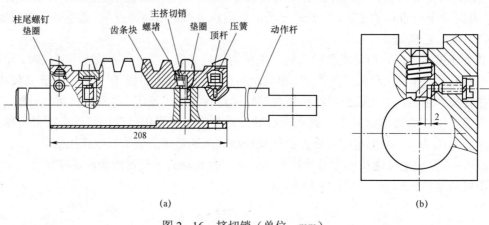

(a)　　　　　　　　　　　　　　　　　(b)

图 2-16　挤切销（单位：mm）

② 移位接触器。

自动开闭器检查柱和表示杆中段特制了斜面，挤岔时表示杆被推动，表示杆中段的斜面顺着检查柱的斜面移动，将检查柱顶起，使一排动接点离开静接点组，从而断开了表示电路。若挤岔时表示杆无动程或动程不足，检查柱没有被顶起来，表示电路断不开，这将十分危险。为了确保表示电路断开，ZD6 型电动转辙机设有移位接触器。

移位接触器安装于机壳内侧，动作杆上方，由触头、弹簧、顶销、接点板等组成，如图 2-17 所示。它受齿条块内两端的顶杆控制。平时顶杆受弹簧弹力，顶杆下端圆头进入动作杆上成 90°的圆坑内。挤岔时齿条块不动，挤切销被挤断，动作杆在齿条块内产生位移，顶杆下端被挤出圆坑，顶杆上升，移位接触器的顶销被顶起，接点断开，从而断开道岔表示电路。移位接触器上部留有小孔，以便挤岔后予以恢复。

3. ZD6-A 型电动转辙机整体动作过程

图 2-18 为 ZD6-A 型电动转辙机传动原理图。图中表示的各机件所处的位置是处于左侧锁闭（假设为定位）的状态，此时自动开闭器第 1、3 排接点闭合。现简述从定位转向反位的传动过程。

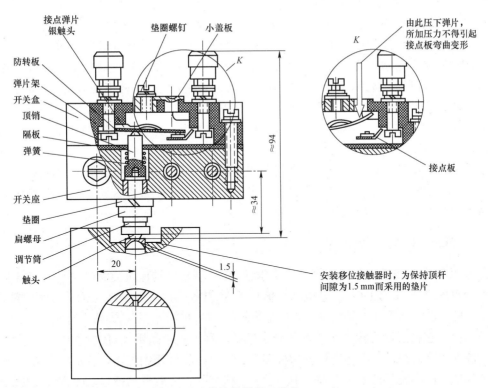

图 2-17 移位接触器（单位：mm）

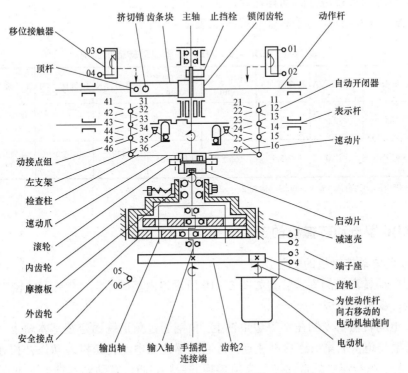

图 2-18 ZD6-A 型电动转辙机传动原理图

当电动机通入规定方向的道岔控制电流后，电动机轴按图 2-18 中所示的逆时针方向旋转。电动机通过齿轮带动减速器，这时输入轴按顺时针方向旋转，输出轴按逆时针方向旋转。输出轴通过启动片带动主轴，按逆时针方向旋转。锁闭齿轮随主轴逆时针方向旋转，锁闭齿轮在旋转中完成解锁、转换、锁闭三个过程，拨动齿条块，使动作杆带动道岔尖轨向右移动，密贴于右侧尖轨并锁闭。同时通过启动片、速动片、速动爪带动自动开闭器的动接点动作，与表示杆配合，断开第 1、3 排接点，接通第 2、4 排接点，完成电动转辙机转换、锁闭及给出道岔表示的任务。

手动摇动电动转辙机时，先用钥匙打开盖，露出手摇把插孔。将手摇把插入减速大齿轮轴，摇动电动转辙机至所需位置。此后虽抽出手摇把，但安全接点被断开，因此必须打开机盖，合上安全接点，电动转辙机才能复原。

二、ZD6-D 型电动转辙机

ZD6 系列电动转辙机包括满足各种需求的 ZD6 型电动转辙机的派生型号，ZD6-D 型是其中运用最广泛的。ZD6-D 型电动转辙机是在 ZD6-A、ZD6-B、ZD6-C 型的基础上研制出来的，适用于牵引道岔尖轨。它扩大了表示杆的功能，使之对尖轨也有机械锁闭作用，构成双锁闭。它在表示杆检查块处增加一个销子（称为副锁闭销），使检查块与表示杆连为一体，检查柱落入缺口，道岔便被表示杆锁住。挤岔时副锁闭销切断，表示杆照常有挤岔断表示的功能。在前表示杆上设有前、中、后三个横穿孔，使后表示杆与之配合时有更大的选择余地，这样就扩大了表示杆动程的可调范围，使之既能适应普通道岔尖轨的动程，也能适应交分道岔和可动心轨道岔的动程需要。

ZD6-A、ZD6-D 型电动转辙机简况如表 2-1 所示。

表 2-1   ZD6-A、ZD6-D 型电动转辙机简况

型号	额定负载/N	动作电流/A	转换时间/s	动作杆动程/mm	表示杆动程/mm	主锁闭力/N	副锁闭力/N	特点及类型	适应范围
ZD6-A	2 450	≤2.0	≤3.8	165±2	86～167	29 420± 1 961	—	单锁闭，可挤	单开道岔
ZD6-D	3 432	≤2.0	≤5.5	165±2	145～185	29 420± 1 961	14 700～ 17 652	双锁闭，可挤	单开道岔

注：额定工作电压均为直流 160 V，摩擦电流为 2.3～2.9 A。

三、ZD6 型电动转辙机的安装

1. ZD6 型电动转辙机的安装装置

ZD6 型电动转辙机的安装装置如图 2-19 所示，由基础角钢、尖端杆、密贴调整杆、连接杆、螺栓、螺母等组成。

ZD6 型电动转辙机安装在不等边角钢上，角钢通过角形铁固定在基本轨上，密贴调整杆通过立式杆架与道岔的第一连接杆相连，再通过螺栓与电动转辙机的动作杆相连。动作杆通过密贴调整杆、第一连接杆带动道岔尖轨转换并密贴。通过密贴调整杆上的轴套可调整尖轨的密贴。尖端杆通过尖端铁固定在尖轨上，再通过舌铁与连接杆的接头铁相连，连接杆通过

螺栓与电动转辙机的表示杆相连。这样，尖轨的位置可由表示杆来反映。通过尖端杆上的螺母可调整前表示杆缺口的位置。

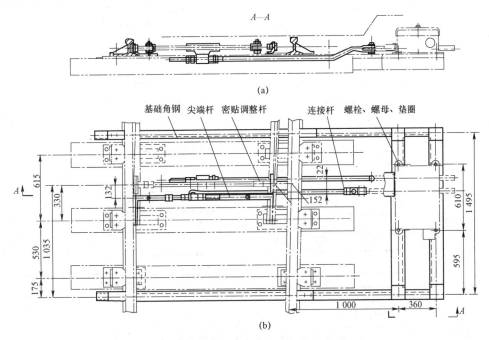

图 2-19　ZD6 型电动转辙机的安装装置（单位：mm）

2. ZD6 型电动转辙机的安装方式

电动转辙机宜设在线路外侧，一般都将电动转辙机的电动机对向岔尖，视电动转辙机的安装位置分为正装和反装，它们的区别在于动作杆相对于电动机的伸出位置。若站在电动机侧看，动作杆向右伸，即为正装；动作杆向左伸，即为反装。

无论电动转辙机是正装还是反装，在道岔定位时，都有动作杆伸出和拉入两种情况，如图 2-20 所示。即有四种情况：正装拉入为定位、正装伸出为定位、反装拉入为定位、反装伸出为定位。其中，当正装拉入和反装伸出为定位时，如图 2-20（a）所示，自动开闭器第 1、3 排接点接通；当正装伸出和反装拉入为定位时，如图 2-20（b）所示，自动开闭器第 2、4 排接点接通，据此来决定电动转辙机道岔电路采用何种类型。

在判定电动转辙机定位接通的时候，要掌握电动转辙机内部机件的动作规律，动作杆、表示杆的运动方向与自动开闭器的动接点的运动方向是相反的。在正装拉入为定位时，从反位向定位转换时，表示杆向左运动，动接点向右运动，故定位时第 1、3 排接点闭合，反装伸出也是如此。而在正装伸出为定位时，从反位向定位转换时，表示杆向右运动，动接点向左运动，故定位时第 2、4 排接点闭合，反装拉入与此相同。

四、ZD6 系列电动转辙机的维修

1. ZD6 系列电动转辙机的维修内容

（1）日常保养

① 检查道岔密贴和飞边情况，以及尖轨爬行是否超标记。

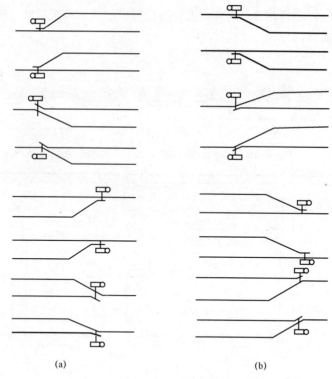

(a)   (b)

图 2-20 ZD6 型电动转辙机安装方式

② 检查电动转辙机及安装装置有无损伤，各种绝缘外观是否良好。

③ 检查表示杆缺口标记有无变化。

④ 检查设备有无外界干扰，检查加锁装置是否良好。

⑤ 检查箱盒有无破损、漏水，检查防尘罩安装是否良好。

⑥ 检查基础有无破损，检查粉饰是否良好。

⑦ 检查外部螺栓是否松动，开口销是否齐全、标准，以及蛇管安装是否良好。

⑧ 基础面、设备外部清扫、注油。

（2）集中检修

① 检查电动转辙机内部机件有无松动、断裂、损坏和异状，防尘是否良好，有无漏水情况，以及各部螺丝是否紧固。

② 检查速动爪和速动片间隙、动接点与静接点座间隙及动、静接点片接触深度是否符合标准。

③ 试验观察整机动作有无异状，检查炭刷有无松动及有无过大火花。

④ 检查配线是否良好，核对标牌、图表是否齐全、准确。

⑤ 检查表示缺口是否符合标准。

⑥ 机内清扫、注油。

⑦ 扳动试验 2 mm 锁闭、4 mm 不锁闭，确认道岔表示。

⑧ 基础面、设备外部清扫、注油。

⑨ 安装装置及各连接杆绝缘检查测试。

⑩ 检查移位接触器动作。

⑪ 启动箱检查、清扫，防尘设施整修。

⑫ 更换挤切销。

⑬ 配合工务整治道岔。

⑭ 联锁试验。

⑮ 电气特性测试。

2. ZD6 系列电动转辙机维修的具体内容

（1）维修电动转辙机时应注意的事项

维修电动转辙机时，和其他信号设备一样，须在"行车设备检查登记簿"上登记，写清维修的时间、地点、影响行车情况及联系方法，向车辆段值班员要点以后进行。维修过程中应注意以下事项：

① 首先要切断遮断器接点；

② 尽量切断本电动转辙机的表示，以防疏忽开放信号；

③ 中途归还使用，列车通过后不要立即摇动电动转辙机，防止本道岔区段不解锁或关闭已开放的相邻股道的信号机；

④ 严格按要求检修电动转辙机的各部件，发现异状必须彻底处理；

⑤ 执行计表完毕后应认真与车辆段值班员进行对道试验；

⑥ 电动转辙机归还使用后，不可不经联系就切断遮断器进行维修作业；

⑦ 听到车辆段通知，应尽快恢复使用。

（2）电动转辙机的主要维修事项

① 电动转辙机动、静接点的清扫、检查和调整。

在摇动电动转辙机前，可用小竹片包以白布或麂皮先将断开的两排静接点接触面擦拭干净，主接触片与补强片之间也要擦净，不许留有油污和铜绿。然后将动接点摇到中间位置，用白布来回捻擦，同时检查动接点块是否松动。随后将动接点摇入已擦净的静接点内，用同样的方法捻擦刚断开的静接点。再将电动转辙机摇到另一位置，另一排动接点即打入刚擦净的静接点内，即可擦净最后一排静接点。最后将动接点反摇回来一点，擦拭干净并检查其是否松动。擦拭接点时不可用擦铜油或汽油，应保持簧片干燥清洁，否则动作时会产生火花，残留的擦铜油会使铜面霉绿。检查静接点片是否松动应在其处于断开状态时进行，只需用手指按动一下即可发现是否松动，如松动则需将其根母拧紧。

检查静接点接触压力有"软检查"和"硬检查"两种方法。"软检查"是将动接点摇出静接点，看静接点两簧片是否向中间合拢，不等动接点下部滑轮爬上托台，即未听到"喀"的一声，再将动接点摇回静接点内去，看两簧片是否向外扩张。"硬检查"是将动接点摇出后，待动接点下部滑轮爬上托台，听到"喀"的一声后再反摇，将动接点打入静接点内，检查静接点簧片是否向外扩张。实际操作时"硬检查"方法较为合适，因为其与电动转辙机的实际动作相同。动接点打入静接点内，静接点片向两侧各挤动 1 mm 为宜。

动接点与静接点簧片应保持面接触，不应出现点接触或线接触，这从簧片表面被摩擦的痕迹可看出。出现点接触或线接触的原因是簧片外形不良或压力不够或根母松动使簧片歪斜。此时应更换掉外形不良的簧片，尽量选择与动接点吻合面较大的簧片。对歪斜的簧片，可松动根母，拨正后再将根母拧紧。调整压力不足的簧片时，以调主簧片为主，将动接点摇出，以无牙小平口钳夹住簧片的弯部进行调整。补强片不可贴紧主簧片，应保持 0.5～1 mm 的间隙，使其在动接点打入后起作用。

动接点打入静接点内不得少于 5 mm，并应与静接点座保持 2 mm 以上的间隙，以免击坏静接点座。动接点打入过少，往往是由于静接点压力太大所致，可先将没有配线的空接点调松一些。动接点与静接点座的间隙可由动接点止挡螺丝调整。

② 表示杆缺口的调整。

将道岔摇向一个位置，松开表示杆调整螺帽，先调主表示杆缺口，将动作杆拉入带动表示杆，使检查柱正好位于表示杆检查块缺口中间，两边留 1.5 mm 的间隙，然后略微固定一下双孔套两侧的调整螺帽，后调副表示缺口。再将道岔摇至伸出位置，用同样的方法将检查柱调整到表示杆缺口的中间，两边亦留 1.5 mm 的间隙。如果一个位置合适而另一个位置不合适，可移动双孔套在密贴调整杆上的固定位置，直到完全合适为止。调整完毕后，用一把扳手稳住双孔套的螺帽，不使它移动，另一把扳手拧紧调整螺帽，并在丝扣上拧一个小铁丝圈，将它固定起来。表示杆调整合适时，在静止状态它的连接销不承受剪切力，因此在道岔锁闭后，表示杆销子以能上下活动为好。

③ 移位接触器的调整。

移位接触器调整不良时容易引起错误报警或挤岔时不报警，对移位接触器进行调整时，要使得下接点压力不少于 0.5 N。其触点上升 0.6～0.7 mm 时必须保证接点断开，上升 0.7～0.9 mm 时必须保证动接点弹片跳起。动作齿条的顶杆要低于齿条平面 1 mm 以内，不能高出齿条平面。顶杆要能上升 205 mm，同时能使移位接触器的弹片可靠跳起，不能停留在中间位置。移位接触器的安装位置要保证动作齿条顶杆与移位接触器的触点有 1.5 mm 的间隙。

④ 电动机换向器的擦拭。

电动机转动时，炭刷与换向器间产生火花和炭末，日久会使换向器表面氧化及填平换向片间绝缘，因此必须擦拭干净。打开电动机插板，用左手食指和中指带着干净白布深入盖孔内并压在换向器上，右手摇动电动机，换向器便在左手两指下旋转，白布就擦到了换向器面及绝缘间隙。

擦拭时不可使用擦铜油等油类，手指不要碰机壳。如果换向器表面已氧化成紫蓝色，或绝缘间隙已填平，必须用金相砂纸将蓝紫色打净，用小刀或锯条将绝缘间隙内的炭末清除干净，使其低于换向片 0.2 mm。

⑤ 电动机的检查。

除了擦拭换向器面外，还应对电动机进行相关检查并确保：转子在定子内旋转时应不磨卡；转子与内部跨线应不发生碰擦；炭刷对换向器的压力应适当（2 N 左右），不旷动，不偏，磨耗后长度不短于 25 mm；炭刷面与换向器成同心弧，更换炭刷前炭刷面应经过研磨，保证接触良好；电动机转动时不应出现过大火花和嘈杂声，更不允许出现环状火花；小齿轮在电动机轴上不可旷动，固定键应完整，不能松动和自动退出。

⑥ 电动机炭刷的检查和更换。

刷握用铜片冷弯制成，其弯曲处须开沟槽，以便使弹簧顶住炭刷，这就减弱了本来就不足的强度。使用中刷握常因在弯制时留有伤痕而断裂从而使炭刷脱落，此时弹簧压住半截刷握直接与换向器接触，电动机虽能转动，但会在换向器上划下一道沟痕。检查刷握是否有伤痕的方法是，用小竹筷或长螺丝刀对弯头下部轻压一下，如有伤痕并将折断时，即使轻压一下也会断裂；如无伤痕，手上将感到有弹性。

检查弹簧压力的方法是：用长螺丝刀拨住刷握，将其挑离换向器，以衡量压力的大小，用压力计测时以压力 2 N 左右为宜；凭手感，当停止用力时炭刷能立即弹回换向器即可，此时所用压力也不能过大，以免炭刷磨耗太快。

如果挑开刷握后，炭刷不跟着一起移动而脱出刷握，是因为刷握的弯曲度不够，加上弹簧压力过大或刷握已有伤痕，对炭刷的握力不够所致。这时应进一步对刷握进行拆卸检查和处理。炭刷磨耗后，长度不足 25 mm 时应及时更换新炭刷。更换的方法是，与车辆段值班员联系，只要不扳动本道岔即可进行。先将弹簧挑离炭刷，再用长把弯头钳从电动机后盖孔内将旧炭刷夹出，将新炭刷按长条凸起朝下送入刷握内并压上弹簧。如不能用上述方法更换，只能将电动机拆下，卸下后盖后进行更换。

⑦ 电动转辙机各项电气特性的测试。

a. 工作电流。

电动转辙机的工作电流即正常转换时的电流，它受道岔转换时的轻重、电动转辙机内各齿轮安装位置是否正确、尖轨锁闭或解锁时的松紧，以及密贴调整杆的调整情况等因素的影响。

将电动机端子的任一线头甩开或切断遮断器，将直流电流表置于 5 A 或 15 A 挡并按极性接入，即可测出定、反位工作电流。一般情况下，交分道岔的工作电流比普通道岔大。若道岔区存在吊板、列车撒砂、经常阴雨加上滑板清扫不良、尖轨尾部没有摆动余量或鱼尾板第一螺栓过紧及电动转辙机内各齿轮安装不良、互相啮合过紧等，均会使工作电流增大。工作电流大于 1.5 A 说明该道岔有不良情况存在。

b. 故障电流。

电动转辙机的故障电流即摩擦电流，是电动转辙机摩擦空转时流经电动机的电流。它只受摩擦连接装置压力的影响，摩擦压力调得越大，故障电流越大。摩擦压力的调整也受外界因素的影响，因此故障电流与工作电流成正比。

摩擦电流的测试方法同工作电流的测试方法。

c. 工作电压。

道岔动作电源均采用 220 V 直流电压，在电缆盒的外线 X_1-X_4 或 X_2-X_4 端子上，将万用表置于直流 500 V 挡，断开遮断器，在控制台上操纵道岔时，应能测得 220 V 左右的直流电压。

合上遮断器再操纵道岔，对单动道岔，在电缆盒端子上应测得 210 V 直流电压，对双动及三动道岔，应测得 170～190 V 直流电压。

d. 故障电压。

故障电压是电动转辙机摩擦空转时的动作电压，其测量方法同上述工作电压的测量方法。摩擦电流增大并非动作电压增高所致，而是由于电动机的负荷变大。摩擦电流增大，必使动作电压降低，但不论摩擦电流调整到多少，故障电压总应小于电动机的额定电压。

e. 动作时间。

电动转辙机的动作时间是从电动机开始转动起到尖轨密贴另一基本轨构成内锁闭时止的一段时间。测量电动转辙机的动作时间，可采用 401 型电秒表，按图 2-21 接线。

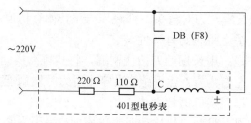

图 2-21　电动转辙机的动作时间的测量

当 X_1 或 X_2 送电后，电动机开始转动，电秒表亦开始转动，电动转辙机转到反位或定位后，电秒表停止转动，即测出了由反位转至定位或由定位转至反位的动作时间。

f. 电动机对地绝缘。

把电动机端子的外线甩掉，将 500 V 兆欧表的接地线与机壳相连，另一线先后与各引线端子连接，即测出电动机的对地绝缘电阻。内部跨线尾部碰壳、端子螺栓套管破裂等均会使电动机对地绝缘电阻降至零。再将兆欧表两线端分别接在电动机端子上，即测出转子与定子线圈间的绝缘电阻。

g. 安装装置与轨道电路间的绝缘。

安装装置中的两根长角钢横在两基本轨之间，它与轨道电路之间的绝缘如破损，将造成轨道电路短接。长角钢与轨道电路之间的绝缘装在四只角钢耳铁处，耳铁与基本轨接触，故耳铁与角钢之间应加装绝缘。将万用表放在"×10"电阻挡，测量角钢与八个螺栓间的电阻，此电阻一般应为 500 Ω以上。只要一个螺栓与角钢相碰，其他七个所测电阻全为零，所以必须一个一个地拆卸检查。造成角钢与螺栓相碰接的原因有：贴角钢底面的绝缘片下边没有铁垫片，插入螺栓拧紧后日久螺栓尾部楔入绝缘片直接与角钢接触；绝缘片下边加了过大的铁垫片，拧紧螺栓后其圆周边与角钢直角处接触，日久磨去漆膜发生碰接。

⑧ 整组道岔方正整治。

整组道岔方正整治是保证电动转辙机正常工作的基础，具体内容如下：

a. 第一连接杆改造。第一连接杆的强度和连接方式直接影响尖轨与基本轨的密贴程度，也是造成尖轨不密贴的原因。它必须改造成高强度并符合设计要求的类型，用方形钢（与尖轨间的绝缘设于左右耳铁内）和扁形钢（与尖轨间的绝缘设于杆身中部）取代旧有的圆形第一连接杆。这由信号部门配合工务部门加工、更换。

b. 道岔密贴。转换道岔时，注意观察尖轨端部、第一连接杆处、第二连接杆处和第三连接杆处。尖轨转换完毕后，应自第一连接杆处至尖轨端部同时密贴至基本轨。第二连接杆、第三连接杆使两尖轨联动，保持适当距离及密贴后不会扭动。在任何情况下，尖轨行将密贴时，都不应出现在第二连接杆处先与基本轨接触的现象。否则，尖轨尚未密贴，第二连接杆已与基本轨顶碰。为了保持尖轨密贴，必须增大电动转辙机的摩擦电流。第一连接杆处的硬性密贴将使尖轨产生反弹力，此时应由工务部门用弯轨器调整尖轨形状并适当调整第二连接杆的长度予以解决。相反，尖轨只在第一连接杆处密贴基本轨，而在第二连接杆处间隙过大，应通过调整尖轨和适当加长第二连接杆予以解决。

c. 尖轨方正。尖轨某侧的基本轨爬行（可达 30 mm 以上）带动尖轨爬行，使尖轨连接杆与基本轨不垂直。尖轨本身也会爬行，这是由尖轨根部间隙的变化造成，爬行量不大，此时应约请工务部门拉基本轨并增设防爬器防止尖轨爬行。同时方正轨枕，尽量使尖轨端部在

第一滑床板中部滑动。

d. 消除尖轨弹性。正常的尖轨不应有弹性,尖轨有弹性是影响电动转辙机正常锁闭及尖轨密贴的重要因素。简易的检验方法是:将电动转辙机连接杆甩掉,用撬棍直接将尖轨撬向基本轨,撬至密贴后移开撬棍,仍保持密贴不反弹而出现间隙,说明该尖轨是不带弹性的;如随撬棍的移开而自动外弹出现间隙,说明该尖轨有弹性,应请工务部门拗尖轨或更换尖轨。

⑨ 道岔的密贴调整。

道岔的密贴调整包括道岔开程的调整和道岔尖轨的密贴调整。

a. 道岔开程的调整。

道岔开程应为 150 mm 左右,不符合要求时,应配合工务部门进行调整。调整道岔开程时,应以供安装密贴调整杆的第一连接杆的长度为准。如开程过大,请工务部门在第一连接杆与尖轨连接的"T"形铁或耳铁之间加铁垫板,这相当于增加第一连接杆的长度。道岔开程也不宜过小,否则影响车轮的安全通过,还会使密贴调整杆空动距离增大。

b. 道岔尖轨的密贴调整。

将道岔的开程加上密贴调整杆的空动距离(游间,在 5 mm 以上)调成等于电动转辙机动作杆的动程。若道岔的开程加密贴调整杆的游间小于电动转辙机动作杆的动程,将会使电动转辙机不能锁闭或尖轨密贴过紧,增大工作电流的锁闭值而影响其他电气特性,并使锁闭圆弧磨耗过度。反之,则尖轨将不能密贴于基本轨,造成错误锁闭。电动转辙机动作杆的动程和道岔的开程一般都是不变的,只能对密贴调整杆的游间加以调整,调整步骤如下:

暂不连接表示杆,先调动作杆伸出位置,以动作杆停止移动、尖轨密贴基本轨后手摇把再空摇 3~4 圈电动转辙机才锁闭为好。此后,继续摇动手摇把,检查摩擦连接装置的松紧程度。此时若尖轨已密贴,电动转辙机无法锁闭,摩擦带空转,说明密贴调整过紧。如尖轨尚未密贴,电动转辙机即已锁闭,说明密贴调整过松。调整密贴调整杆轴套可消除过紧、过松现象,调整时以稍松为好,因为紧固螺母时轴套还会被挤紧。密贴调整良好后,摇动电动转辙机使之解锁,让密贴调整杆在不受力的情况下固定螺母,然后试一下密贴情况有无变化。

接着调整尖端杆上舌铁的位置,即移动表示杆位置,使检查柱落入检查块缺口,侧隙应调整到 ±1.5 mm。充分拧紧舌铁固定螺母,摇动道岔复查两次,然后在尖轨第一连接杆和基本轨之间夹入 4 mm 厚铁板,检查柱不能落入检查块缺口,电动转辙机无法构成内锁闭,即调整完毕。

用同样的方法进行拉入位置的密贴调整和表示缺口的调整。

⑩ 摩擦电流的调整。

电动转辙机的摩擦电流是直接影响电动转辙机正常使用的重要电气特性之一。道岔正常转换时,不应有摩擦空转现象。当尖轨因故无法转换到底,外来阻力大于摩擦力使摩擦带摩擦传动时,电动转辙机启动电路中通过的电流即为摩擦电流。在工作电流不变的情况下,摩擦电流不直接受外界因素影响,仅受摩擦带摩擦力的影响。

摩擦电流是用人工方法调整的,摩擦连接装置的压力调得越大,摩擦带与输出轴间的摩擦力相应增大,摩擦电流也越大,反之则越小。摩擦力大小的调整,要考虑外界因素的影响。如果外界条件不良,工作电流增大,为保证电动转辙机在最不利的条件下仍能转换尖轨,必须加大摩擦力,即增大电动转辙机的输出功率。相反,如果外界条件良好,工作电流减小,摩擦电流就无须调得很大，即摩擦力不很大就能保证电动转辙机正常运转。

如将该摩擦力调到刚能起传动作用，即摩擦电流较小时电动转辙机即能正常转换，但经不起外界条件变化的影响，只要稍有不良，道岔转换阻力便大于摩擦力，使之空转，无法正常转换道岔。如将摩擦力调到很大，除非遇有尖轨内有异物，否则电动转辙机不会空转。但负载增大迫使电动机工作电流增大，过大的摩擦力使摩擦连接装置仍起传动作用，将尖轨硬转换过去。如尖轨仍无法密贴，过大的摩擦电流将影响电动转辙机的其他电气特性。如将摩擦力调到极限，甚至压紧，摩擦连接装置即失去了摩擦连接作用，无法以摩擦空转来保护电动机，且极易使机件受损。调整摩擦电流的方法是，将量程为 5 A 的直流电流表串入道岔启动电路，电动转辙机摩擦空转后，根据电流表的读数，用小扳手拧动摩擦连接装置的调整螺母，以调整摩擦压力的大小。

调整时如已拧动螺母一圈左右，但摩擦电流变化不大，再稍稍拧动螺母，摩擦电流却朝着调整值方向一下变化较大甚至朝反方向变化，这是由压力弹簧控制摩擦带夹板不够灵活而引起的。

在拧动螺母而摩擦电流变化不大时，可用扳手轻轻敲击压力弹簧，摩擦电流即能得到调整。如摩擦带与内齿轮间沾有油污，或摩擦带材质不良，将会影响摩擦电流的调整。

⑪ 电动转辙机的分解、清扫。

a. 机件的分解、清扫。

卸去接点座固定栓，将整个接点座取出机外，卸去堵油板固定螺栓，撬去堵油板，将电动转辙机摇至止挡栓对准其出入口，此时锁闭齿轮上的锁闭圆弧正好与动作杆的削尖齿弧面啮合。将卸轴器螺纹端放入主轴的卸轴器连接孔内，左手握卸轴器把手，并保证卸轴器与主轴成直线，右手抓住卸轴器滑块，先向前滑动，然后用其撞击把手，带动整个主轴逐渐退出机外。撞击时要随时注意止挡栓与其出入口是否对准，如有偏差应调整后再撞。

退出主轴后，用扳手拧去挤切销螺堵，取出挤切销，即可抽出动作杆，并取出齿条块，表示杆可随之直接抽出。此时，从输出轴可取出速动衬套、速动片和启动片，卸去减速器固定螺栓，将减速器搬出机外，最后将电动机拆出机外。对于需去锈迹的机件，使用零号铁砂布磨去锈迹，再用柴油洗净表面。除自动开闭器、电动机、减速器外，其余机件都投入柴油洗涤盆，用油刷刷去表面油垢。将洗净的机件放在清洁的布或板上，抹净表面余油，然后涂一层润滑油待用。

做一般性的分解、清扫工作时是不分解减速器的。

b. 摩擦连接装置的分解。

摩擦连接装置是由在输入轴和输出轴间的减速器上配用的一个摩擦压力弹簧和转矩半径为 60 mm 的摩擦制动带组成的。拧去摩擦带压力调整螺母，取出弹簧和弹簧垫，拆去夹板的开口销，整组减速器即可拆出机外。将左、右夹板取下，检查摩擦带是否完整，螺丝是否拧紧。检查内齿轮、输出轴处的润滑脂是否过多，用棉纱擦净内齿轮摩擦面上的油腻，并用棉纱蘸汽油将摩擦面及摩擦带表面擦一遍。检查左、右夹板面及减速器外壳有无裂纹，若没有即可恢复组装待用。

c. 电动机检查。

打开电动机插板即可检查换向器和炭刷，炭刷盖应能拧动。检查转子、励磁线圈引出线焊接处有无断股或霉绿及假焊，电动机小齿轮是否松动，并对电动机作导通及绝缘测试。

d. 组装。

先将齿条块放入机内原滑动位置，插入动作杆，对准齿条块与动作杆的挤切销眼孔，塞入挤切销后，压上弹簧垫圈，戴上并拧紧螺堵，再插入表示杆，分别将圆孔套和方孔套固定在各自的伸出口。然后拉动动作杆和表示杆，使它们移动灵活、轻便。

将动作杆和表示杆放在伸出或拉入位置，整个主轴从止挡栓出入口插入机内，止挡栓对准出入口。检查主轴上锁闭齿的锁闭圆弧与齿条块上的削尖齿弧面是否吻合，若吻合用卸轴器将主轴撞击入机内，或用木板衬在主轴套尾端用手锤慢慢将主轴敲入。敲击时不可硬打猛敲，确认各部位无卡阻后，才能用手锤沿主轴套圆周均匀用力敲击，使主轴复位。此时用手拧动主轴，动作杆应能灵活移动。将堵轴板固定，主轴部分即组装完毕。然后在主轴端都先套入速动衬套，使衬套注油孔朝上。在速动衬套外周套上速动片，使其圆周缺口朝上，再将启动片上的拨片钉对入速动片腰形孔，主轴端部的条形突出部分楔入启动片面上的腰圆形槽内。注意启动片方向不可装反，将减速器就位，插入手摇把摇动输入轴，使其反向转动，并使输出轴端部的条形突出部分对准启动片面上的直通槽时将减速器靠拢启动片，输出轴便楔入启动片上的槽内，再固定减速器。将接点座装入机内，确保表示接点与动作杆、表示杆位置相符，检查柱能进入表示杆的检查块缺口，然后充分固定。最后将电动机装入，小齿轮与减速器大齿轮对牙后，拧紧固定螺栓。组装完毕后，用手摇把试摇几次，如无异常，即告完成。

⑫ 电动转辙机更换配线或更换电动机后的试验。

电动转辙机因故更换配线或更换电动机后，应认真进行试验，试验步骤如下：

a. 在控制台对本道岔作定、反位操纵，如电动转辙机不能转换，在仅换配线未换电动机的情况下，往往系配线接错或配线类型不正确所致。如果电动转辙机不但不转，而且朝反方向扭动，则是由电动机转子线圈配线错误而引起的。如更换电动机，除配线错误外，故障局限于定子线圈和转子线圈。

b. 转换正常后，观察控制台上有无定、反位表示。如定、反位全无表示，除室内故障外主要是配线错误，可通过在电缆盒端子上测量电压来判定。

c. 转换和表示均试验完毕后，应核实进路，要特别注意道岔表示与道岔实际开通位置的一致性。

d. 将道岔操纵至定位，用 0.5 mm 厚的绝缘片逐组插入电动转辙机的表示接点间，控制台上的定位表示均应中断。将此绝缘片插入反位启动接点间，反位应无法启动。接着将道岔操纵至反位，用相同的试验方法切断反位表示和定位启动，随后在电动转辙机转换途中切断遮断器接点，电动转辙机应停转。

对于多动电动转辙机，更换全部配线后，应将它们分成单动分别试验正确后，再合成多动进行试验。此时要特别注意道岔表示与道岔实际开通位置相一致。

⑬ 4 mm 锁闭试验。

电动转辙机在转辙连接杆处的尖轨和基本轨间插入厚 4 mm、宽 220 mm 的铁板时应不能锁闭，这是衡量一组道岔是否合格的主要指标。如插入铁板后电动转辙机发生错误锁闭，原因有以下几点：

a. 第二或第三连接杆过长，道岔转换时尖轨腰部与基本轨先密贴，产生撑力使头部无法密贴，造成错误锁闭。此时应会同工务部门更换连接杆，或在过长的连接杆耳铁内少垫或不垫铁垫圈，以缩短其长度，保持尖轨头部密贴。

b. 尖轨弯曲，密贴基本轨时出现"反弹"。用手摇把摇动电动转辙机，摇到即将密贴时感到沉重而有反劲，松开手摇把时，手摇把立即反转几圈，尖轨也自动反向移动，即为"反弹"。尖轨"反弹"是道岔的主要病害之一，应请工务部门更换尖轨或用弯轨器整直。

c. 尖轨尾部与基本轨鱼尾板拧得太紧，鱼尾板影响尖轨密贴，也能造成尖轨"反弹"。可向工务部门说明，请其将不带内圈的鱼尾板螺帽拧到适度即可，为防止其松脱，可加小铁线绑扎，或在螺栓上钻孔增加开口销。

d. 因经常单向运行，轨条爬行使尖轨尾部与基本轨之间没有摆动间隙，影响尖轨密贴或产生"反弹"。此时应请工务部门拉轨，增加防爬器，保持尖轨根部有 5～10 mm 的摆动间隙。

e. 尖轨道床板产生吊板现象，最严重的情况是仅尖轨的前后两块滑床板受力，中间全部悬空。滑床板与尖轨的接触面积减小，压力增大，摩擦力也加大，使得道岔转换时较沉重，而且出现基本轨过高，尖轨密贴时爬不上坡的情况，应请工务部门协助解决。

f. 与尖轨密贴的基本轨固定不良，在尖轨冲向基本轨时向外移动，使进行 4 mm 锁闭试验时构成锁闭，此时也应请工务部门协助解决该问题。

g. 电动转辙机角钢的耳铁和密贴调整杆机构强度不够，道岔转换时发生移位或变形，也会影响 4 mm 锁闭试验的试验结果。应采用合格的密贴调整杆，其弯度应根据实际情况决定。耳铁不但要考虑强度，采用合格的固定螺栓和弹簧垫圈，而且要保证其与钢轨腰部吻合无空隙。

h. 电动转辙机的安装装置因为安装缺点和基本轨爬行或尖轨不方正，电动转辙机动作杆、密贴调整杆和第一连接杆不在一条直线上，力不是按直线传动而是曲拐传动，致使尖轨不能密贴，影响 4 mm 锁闭试验的试验结果。此时应请工务部门方正道岔，防止爬行。对密贴调整杆和第一连接杆过歪的电动转辙机，应在横角钢上重新钻孔，将电动转辙机移位，尽量使力按直线传动。

i. 各销孔过旷，或固定螺栓不合规格，动作杆向连接处旷动，影响尖轨密贴或尖轨密贴调整不良。当电动转辙机发生 4 mm 错误锁闭时，虽可通过调整摩擦连接装置或道岔密贴来缓和一下，但这不是彻底的解决办法，必须从消除道岔的一切病害着手来进行根治。

⑭ 电动转辙机漏水、漏灰的克服。

电动转辙机发生漏水的原因及克服方法如下：

a. 蛇管引入口上部蝴蝶形铁片与下部缺口不配套，铁片过小，或左右有隙缝，或过厚凸出机盖排水沿，雨露漏入机壳内并积存在蛇管引入口下的凹槽内。克服的方法是更换合适的铁片，或将不良的铁片挤紧并设法堵塞住隙缝。

b. 电动转辙机机盖不配套，不严，甚至无法落销，雨露从机盖隙缝处漏入机内。更换机盖即可克服。

c. 电动转辙机动作杆经常处于伸出位置，或动作杆遮檐与动作框间有隙缝，或电动转辙机安装不平，向动作杆伸出方向倾斜，雨露顺动作杆流入或转换时带入机内。在动作杆遮檐与动作杆间增加防水铁片可予以解决。如果电动转辙机安装不平，则应在低处垫铁垫圈，以达到水平。

d. 机盖盘根老化且过粗，盘根面与机盖排水沿相平，雨露通过缺油的盘根泌入机内。

应将盘根更换为宽 12 mm 的盘根，只要能防尘即可，盘根面要低于排水沿。

电动转辙机发生漏灰的原因及克服方法如下：

a. 蛇管引入口过细且有缝隙，应设法堵住。

b. 机盖盘根过细或黏结不牢，或采用的两根宽 6 mm 的盘根互相分离，使机盖不严，造成漏灰。克服的方法是更换为宽 12 mm 的盘根，用清漆黏牢，以保证严密。

五、ZD6 系列电动转辙机的常见故障及处理

1. 电动转辙机无法启动

电动转辙机无法启动的主要原因有：启动电路部分故障、电缆芯线故障、电动转辙机启动接点或插接器插接不良及电动机故障。

电动转辙机无法启动时，应按道岔控制电路的动作程序分析操纵道岔后控制台上电流表的读数及道岔表示灯的变化情况，判明其原因。

① 进行道岔操纵后，原道岔表示灯不熄灭，可以断定 1DQJ 未吸起，原因有以下几点：

a. 单独操纵时，DCJ 或 FCJ 未吸起或吸起后其发送条件电源的前接点接触不良未送出控制电源。逐段测量 KF 电源是否送至 1DQJ 的线圈即可查明中断点。可通过更换有关继电器解决该问题。

b. 进路操纵时，先确认本道岔的 DCJ 或 FCJ 是否吸起。如未吸起，应从选岔电路着手查找原因。如已吸起，则可能是接点接触不良或有关线路断线，逐段测量 KF 电压即可查出故障点。

c. 1DQJ 的 3−4 线圈断线或组合插座配线脱焊，或继电器插入不良。

d. 本道岔所在区段处于锁闭状态，YCJ 落下；或区段锁闭，DGJ 落下。

② 进行道岔转换操纵后，原来的道岔表示灯熄灭，挤岔报警，电流表指示为零。这说明 1DQJ 已吸起，并且其前接点接通。如为单独操纵，松开 ZDA 或 ZFA，原道岔表示灯点亮，可判定为 2DQJ 未转极。如果松开 ZFA 或 ZDA，挤岔仍报警，改为按压 ZDA 或 ZFA，1~3 s 后恢复原道岔表示，可判定为 2DQJ 已转极。2DQJ 未转极的原因有：1DQJ 的第 3、4 组前接点接触不良或配线脱焊；2DQJ 本身故障不动作。如 2DQJ 已转极，则应在分线柜上本道岔的 X_1−X_4 线端子或 X_2−X_4 线端子上测量电压。如有 220 V 直流电压，则为室外故障，应迅速在现场处理。如测不出电压，则为室内启动电源发送电路故障，原因如下：

a. 电源屏未供出 DZ_{220}、DF_{220} 道岔动作电源，此时全站所有道岔均不能转换。

b. 1DQJ 的 1−2 线圈断线或配线脱焊，或 1DQJ 的第 1 组前接点接触不良，或 2DQJ 的第 1、2 组有极接点接触不良。可逐段测量直流 220 V 电压，查明故障点，更换继电器或接通中断处予以克服。1DQJ 的 3−4 线圈的缓放时间不足，电动转辙机亦无法正常转换。

③ 进行道岔转换操纵后，启动电源已送至分线柜端子，电动转辙机仍不转换。导致这一故障的原因均在室外，有如下几点：

a. 与分线柜连接的 X_1、X_2、X_4 电缆芯线中断，如在道岔电缆盒的 X_1−X_5 或 X_2−X_5 端子上测不出 220 V 直流电压，即可判断为电缆断线。此时可在分线柜上将电缆芯线与室内电路断开，借地线或 X_3 作回线，以万用表"×10"电阻挡导通，查明是哪条电缆芯线断线。然后对备用芯线作绝缘测试，如良好则更换使用。如为电缆芯线制环断开，则重新制环连接。如电缆盒端子上测得的直流电压仅为 50~100 V 甚至更低，则 X_1、X_2、X_4 可能有接地情况，

这时要作对地绝缘测试，查明故障芯线并予以更换。

b. 插接器接触不良或电缆盒与插接器间断线。此时可在插接器接向电动转辙机一侧的插座 1－5 或 2－5 间测量直流电压，如无电压，可判断为该部分故障，插紧插接器或更换插接器或更换电缆芯线即可。

c. 电动转辙机启动接点接触不良或移位接触器接点、遮断器接点接触不良。启动静接点调整不良或维护不善及动、静接点接触面不清洁都能致使电路中断，移位接触器接点及遮断器接点也会因轴承螺帽松动或胶木接点臂断裂脱落而接触不良，逐段测量 220 V 直流电压可查出故障点，清扫接点，精心维护，可克服之。

d. 电动机定子或转子线圈断线，或引出端子过长机盖使其折断而中断电路，转子换向片间嵌满炭末使转子电阻变小，或电动机刷握断裂炭刷未压在换向器上，或电动机内部跨线碰到转子被磨断，或去遮断器的线条压在电动机底下被压破皮或压断。这些故障通过认真查找终可被发现。

④ 按下 CA 和 ZDA 或 ZFA 后，原道岔表示灯熄灭，电流表在 3 s 内指示 1 A 左右，然后升高并保持在 2～3 A。此时可判定电动转辙机无法转换到底，已摩擦空转，应迅速将道岔扳至原位，故障肯定在室外。如果电流表一直指示在 1.3 A 左右，可判定摩擦连接装置压力过小（摩擦电流调得过小），无法启动道岔或无法密贴至另一位置。如果电流表仅在 0.5 s 内指示在 1 A 左右，然后立即指示在零，可判定电动转辙机刚启动时启动电路便断开，以 1DQJ 的 3－4 线圈缓放时间小于 0.4 s 为常见，或启动接点接触不良，电动转辙机启动后即断电。

总之，在处理电动转辙机无法启动的故障时，必须首先判断出故障原因，究竟是室外部分故障还是室内部分故障，以缩小查找范围，迅速排除。切忌在故障原因未判明之前盲目奔走，耗费时间。

2. 电动转辙机启动后不能内解锁，或转换后不能内锁闭

这类故障多与启动电路无关，原因有以下几点：

① 室内送来的启动电源电压不足，电动转辙机启动后降至 160 V 直流电压以下，使电动机无法正常转换道岔。应首先查明启动电源是否正常，如启动电源电压降低，系电源屏的问题。如启动电源电压正常，则应查明本电动转辙机启动回路有无接地、漏电、回路阻值变大等现象。

② 摩擦连接装置压力弹簧调整螺帽的固定螺栓松脱，日久使压力弹簧调整螺帽松动，摩擦压力减小，电动机启动后转矩无法通过摩擦连接装置向动作杆传递，摩擦连接装置空转，电动转辙机不能实现内解锁，因此调整电动转辙机的故障电流后，必须将固定螺栓拧紧。

③ 电动转辙机动作杆伸出时"低头"，或内锁闭过紧，或尖轨反弹，或动作齿条上的锁闭圆弧与动作杆上的削尖齿之间缺油，或电动转辙机故障电流偏低，使电动机启动后无法实现内解锁，此时应进行机械整治和故障电流调整。

④ 尖轨密贴调整过紧，或基本轨高过尖轨太多，使尖轨爬不上坡，或电动转辙机故障电流偏低，或尖轨与基本轨间夹入异物，或动作齿条面上落入异物，或密贴调整杆杆架与轨枕摩擦使尖轨转换后无法实现内锁闭，此时应配合工务部门调整道岔尖轨进行整治，以及调整故障电流。

⑤ 表示杆调整不良，使检查柱与表示杆缺口间隙过小，出现卡缺口情况，引起电动转

辙机无法内锁闭，此时应调整表示杆缺口予以解决。

⑥ 前、后表示杆连接螺栓松动，尖轨转换时，使缺口错位而造成卡缺口。

3. 电动转辙机摩擦电流无法调大或无法调小或调整后自动下降

摩擦电流无法调大的原因是摩擦带与内齿轮表面沾上了油脂，尽管压力调整弹簧已拧得很紧，但摩擦面被油脂润滑，摩擦力调不上去。此时应更换摩擦带，将换下的摩擦带用碱水洗刷晾干，并用干净棉纱抹净内齿轮表面。

摩擦电流无法调小的原因是压力弹簧已拧得很松，但因左、右夹板并未随着压力减少而松开，故摩擦带与内齿轮表面的摩擦力也未减小，摩擦电流仍保持原状。此时，只需用扳手轻轻敲击压力调整弹簧，左、右夹板便会随着调整而松开，摩擦电流即能正常调整。

摩擦电流调整后自动下降的原因是，摩擦连接装置压力弹簧调整螺帽在转动中被松动，摩擦力逐渐减小，摩擦电流自动下降。可在调整摩擦电流后，在原压力弹簧调整螺帽外，再增加一只并紧螺帽。天气炎热时易使调速器内的润滑剂溶滴而落到摩擦连接装置夹板轴上，随着内齿轮的转动流至摩擦面上，从而使摩擦力减小，摩擦电流自动下降，并且无法调大。此时应更换减速器润滑剂并更换摩擦带。

4. 电动转辙机启动后转速变慢

导致这一故障的原因有以下几点：

① 电动机转子发生单线圈断线，转矩变小，如果转动停止时炭刷正好接触断线的换向器面，那么下一次启动电路便无法构成。

② 摩擦连接装置压力弹簧调整过松，刚刚能带动道岔转换，在道岔转换过程中，会打滑空转，使电动转辙机转速变慢。

③ 工作电压小于电动机的额定电压（此时工作电流相应减小），使电动机转速变慢。

5. 电动转辙机不受遮断器控制

导致这一故障的原因有以下两点：

① 电动机转子引向遮断器接点及遮断器接点引向插接器的两条导线受损造成短接，或两线环误接入遮断器同一端子，使遮断器不起作用。

② 遮断器两接点片的固定螺母在胶木座内相碰，或胶木座绝缘不良，均使两接点片之间相通而不起作用。

此类故障对人身安全危害较大，只有断开遮断器时室内仍能扳动道岔，作遮断器切断试验时才会被发现。

6. 电动转辙机动作电源断路器脱扣

导致这一故障的原因有以下两点：

① 电动机定子或转子线圈短路。

② 电动转辙机动作电源接地，同时电动转辙机内启动电路有接地处，且接地电阻很小。

7. 电动转辙机向一方不转换，向另一方转换正常

导致这一故障的原因有以下两点：

① 电动转辙机故障一方的启动接点调整不良，时接时断。

② 2DQJ向故障一方转极时动作不良，或转极后的接点接触不良。

调整不良的接点或更换继电器即可解决该故障。

8. 单独操纵时正常，进路操纵时不能转换

单独操纵时正常，说明道岔启动电路的共用部分正常。进路操纵不良，是 DCJ 或 FCJ 未吸起。更换继电器，调整接点，即可克服。

9. 转换双动道岔时，第一动道岔转换正常，第二动道岔未转换

这肯定是室外故障，应先到第一动道岔处测量电缆盒 X_8-X_5 或 X_7-X_5 端子间有无 220 V 直流电压。如有电压，将道岔转换至另一位置，再在相应端子上测量有无电压。如仍有，则说明故障在第一动道岔以后。如无电压，则说明第一动道岔转换后其定位第 3 组启动接点及反位第 2 组启动接点接触不良，启动电源不能向第二动道岔传递。调整这些接点即可解决。

如第一动道岔转换完毕，已将启动电源送至 X_8-X_5 或 X_7-X_5 端子，说明第一动道岔正常。第二动道岔无法转极的原因有：第一、二动道岔之间的连接线中断，或第二动道岔启动电路故障。

10. 转换双动道岔时，第二动道岔与第一动道岔同时启动，但尖轨离开基本轨便停止转动

待第一动道岔转换完毕后第二动道岔又再次启动并正常转换反位启动时，第一动道岔的电缆盒端子 X_1 不能与端子 X_2 具有同极性的电压（或定位启动时，端子 X_2 不能与端子 X_1 具有同极性的电压），如果绝缘很不良，混入电压较高，就会提前使第二动道岔与第一动道岔同时启动。第一动道岔转换后，第 3 排接点断开时，混电电路被断开，第二动道岔即停止转动，但尖轨已离开基本轨。第一动道岔转至反位，第 2 排接点接通，向第二动道岔正常传递启动电源，第二动道岔第二次启动将尖轨转换至反位。造成混电的原因主要有电缆盒端子间绝缘不良，或接插器绝缘不良，或连接线绝缘不良。

11. 尖轨已密贴，但电动转辙机动接点无法实现第二次变位

电动转辙机内部机械故障均可造成动接点无法实现第二次变位，原因有以下几点：

① 道岔部分密贴调整过紧或表示杆位置调整不良，使表示杆缺口空隙调整不良，检查柱无法落入缺口。

② 表示杆销子孔与销子磨耗，表示杆旷动使缺口变位而受卡，可用消磨的办法予以解决。

③ 前、后表示杆连接螺栓松动，表示杆缺口变位而受卡，应重新调整表示杆缺口，充分拧紧螺栓。

④ 检查柱与自动开闭器座孔之间缺油，或沾有油漆，检查柱上下动作受阻，无法落入表示杆缺口。将检查柱周身注油或除去油漆即可解决。

⑤ 检查柱与座孔边摩擦，或旷动，也会影响检查柱落入表示杆缺口。此时应更换整台自动开闭器或入所整治。

⑥ 速动爪拉簧松弛使拉力不足，速动爪落入启动片缺口后，拉力无法将调整架拉至相应位置，动接点即无法第二次变位。此时应卸去弹簧连接销，略微拧动拉簧接头，缩短拉簧长度以增加拉力，但不可增加过多，以防动接点打入静接点时力量过大。

⑦ 动接点与调整架之间的连接板与接点座平面边沿摩擦，或拐肘与接点座铸口凸面连接，使连接板动作受阻，影响调整架就位，也影响动接点第二次变位。分解零件，消灭摩擦部分即可解决。

12. 电动转辙机失去表示

（1）正常表示突然熄灭

如电动转辙机正常表示突然熄灭，但未有挤岔报警，挤岔红灯未点亮，此时可判定表示电路未中断，已吸起的道岔表示继电器未落下，只是表示部分有问题。如有挤岔报警，则说明励磁的道岔表示继电器已落下。

（2）电动转辙机正常转换后无法构成表示

电动转辙机能正常转换说明其启动电路正常，无法构成表示的原因有以下几点：

① 表示电路中的 RD_4 断路器脱扣，或道岔表示变压器线圈脱焊、断线、烧毁，使表示电源中断，恢复断路器状态或更换变压器即能解决。

② 道岔表示继电器线圈断线、脱焊或未插好，或继电器机械故障，使表示继电器不能吸起，更换继电器即能克服。

③ 1DQJ 的第 1 组后接点或 2DQJ 的第 3 组接点接触不良，使道岔表示继电器励磁电路不能构成，更换故障继电器即可。

④ 分线柜 X_3 端子至道岔组合间配线断线、脱焊，不能构成道岔表示继电器励磁电路，逐段测量 220 V 交流电压即能查出中断点。

⑤ 道岔表示继电器的降压电阻断线或脱焊，断开表示继电器励磁电路，更换电阻或重新焊线即能克服。

⑥ 分线柜至电缆盒 X_3 电缆芯线断线使表示回路断开，或绝缘不良使表示电源电压下降而不能构成道岔表示继电器励磁电路，更换电缆芯线即能解决。

⑦ 电动转辙机内整流二极管被击穿、脱焊，使其起不到半波整流的作用或使表示电路中断，更换二极管或重新焊线即可克服。

⑧ 电缆盒与电动转辙机间配线断线或接插器端子 3 接触不良，逐段测量 220 V 交流电压即可查明中断处。

⑨ 电动转辙机内自动开闭器接点根母松动，或接触面有油垢、霉绿使之接触不良而中断表示电路，逐段测量电压即可查明中断点，重新调整或清擦动、静接点可予以克服。

操纵道岔后，从电流表上观察，若电动转辙机未出现摩擦空转，定、反位均无表示，可判定表示电路共用部分（整流二极管、X_3 回线、道岔表示继电器、降压电阻等）故障。如一个位置有表示，另一个位置没有表示，可判定是电动转辙机有关表示接点、有关道岔表示继电器故障。如电流表指示电动转辙机摩擦空转，有挤岔报警，挤岔红灯点亮，说明表示电路有故障。同样，通过在分线柜上测量是否有表示电压也可迅速判断是室内部分故障还是室外部分故障。

判断表示电路是否构成，还可在室外简便地进行，即根据接插器 11－12 端子之间的电压变化判断。如 11－12 端子间没有电压，可判定为电动转辙机内检查接点断开或整流二极管击穿。如有 110 V 交流电压，可判定为整流二极管脱焊。如有 150 V 以上交流电压，则为道岔表示继电器本身或 2DQJ 第 3 组接点断开。如为 50 V 交流电压或 25 V 左右直流电压，可判定为道岔表示继电器已正常吸起。

13. 道岔表示继电器颤动

电动转辙机表示电路是用 220 V 交流电源经二极管半波整流并由滤波电容器进行平滑滤波后供道岔表示继电器动作的。道岔表示继电器吸起后连续颤动，说明电容器失效或脱焊，不再起平滑滤波的作用，致使道岔表示继电器在另一半周内无电，使得接点颤动。这时，只需测试电容器是否良好，更换损坏的电容器或重新焊接即可克服。

第二节　交流工频轨道电路

用于城市轨道交通的交流工频轨道电路有 50 Hz 相敏轨道电路（包括继电式和微电子式）、PF 轨道电路。它们只有监督列车占用情况的功能，不能传输其他信息。

城市轨道交通一般采用直流牵引，所以轨道电路可以采用 50 Hz 电源。

一、50 Hz 相敏轨道电路

50 Hz 相敏轨道电路可用于城市轨道交通的车辆段/停车场内。50 Hz 相敏轨道电路包括继电式和微电子式，继电式可不注明，即 50 Hz 相敏轨道电路一般专指继电式。

1. 50 Hz 相敏轨道电路的组成

50 Hz 相敏轨道电路的组成如图 2-22 所示，它由送电端、受电端、钢轨绝缘、钢轨引接线、钢轨接续线、回流线及钢轨等组成。

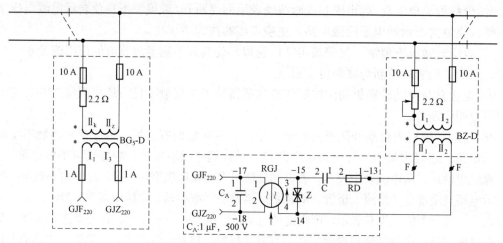

图 2-22　50 Hz 相敏轨道电路的组成

送电端包括 BG_5-D 型轨道变压器、$R-2.2/220$ 型变阻器及断路器，安装在室外的变压器箱内。轨道电源从室内通过电缆送至送电端。

受电端包括 $BZ-D$ 型中继变压器、$R-2.2/220$ 型变阻器、断路器、轨道继电器、电容器、防雷元件等。其中中继变压器、变阻器及断路器安装在室外的变压器箱或电缆盒内，其他安装在室内的组合架上。

送、受电端视相邻轨道电路的不同组合，有双送、一送一受、双受、单送、单受等不同情况，除双受、单受可采用电缆盒外，其他情况必须采用变压器箱。

变压器箱或电缆盒用钢轨引接线接向钢轨。

钢轨接续线用来连接相邻钢轨，以减小钢轨接头处的接触电阻。

钢轨绝缘设于轨道电路分界处，用以隔离相邻的轨道电路。

回流线连接相邻的不同侧钢轨，为牵引回流提供越过钢轨绝缘节的通路。

2. 50 Hz 相敏轨道电路的工作原理

50 Hz 相敏轨道电路为有绝缘双轨条轨道电路，牵引回流为单轨条流通。电源屏分别供出 50 Hz 轨道电源和局部电源。送电端轨道电源 GJZ_{220}、GJF_{220} 经轨道变压器降压后送至钢轨。受电端由钢轨来的电压经中继变压器升压后送至轨道继电器 RGJ 的轨道线圈 3-4。

轨道继电器 RGJ 的局部线圈 2-1 接局部电源 GJZ_{220}、GJF_{220}。

当轨道线圈和局部线圈电源满足规定的相位和频率要求时，RGJ 吸起，轨道电路处于调整状态，表示轨道电路空闲。列车占用时，轨道电源被分路，RGJ 落下。若频率、相位不符合要求，RGJ 也落下。

由于 50 Hz 相敏轨道电路具有相位鉴别能力，即具有相敏特性，故其抗干扰性较高。

3. 50 Hz 相敏轨道电路的部件

（1）钢轨绝缘

钢轨绝缘安装在轨道电路分界处，以保证相邻轨道电路之间的可靠的电气绝缘，使它们互不影响。除了钢轨绝缘外，轨道电路区段的轨距杆、道岔连接杆、道岔连接垫板、尖端杆、转辙机的安装装置及其他有导电性能的连接两钢轨的配件，均应装设绝缘并应保持绝缘良好。否则，任一连接杆件绝缘不良都会破坏轨道电路的正常工作。

① 对钢轨绝缘的要求。钢轨绝缘受机车车辆的频繁冲压，又处于日晒雨淋、酷暑严冬的环境中，是轨道电路的薄弱环节，因此要求：钢轨绝缘的结构应能保证在钢轨爬行的情况下，以及在列车运行中产生的压力、冲击力和气温变化时产生的膨胀力的作用下，不致被损坏；钢轨绝缘应采用机械强度高的、具有可靠电气绝缘性能的绝缘材料，以保证绝缘性能和使用寿命。

② 钢轨绝缘的材料。可以用来制作钢轨绝缘的材料有很多，主要有玻璃布板、钢纸板、尼龙塑料板等。玻璃布板钢轨绝缘用环氧酚醛树脂或改性树脂玻璃布绝缘材料压制而成，它比钢纸板钢轨绝缘耐潮、耐磨，不易损坏。尼龙塑料板钢轨绝缘用尼龙制成，它比钢纸板钢轨绝缘耐潮、耐磨，且成本低，但低温下有脆性。胶接钢轨绝缘是新型结构，用胶结剂及纤维布组成胶接层，可将鱼尾板与钢轨胶接牢固。

③ 钢轨绝缘的形式。钢轨绝缘由轨端绝缘、槽型绝缘、绝缘管、绝缘垫圈等组成。槽型绝缘按分段形式可分为一段（整体）、二段、三段三种，按轨型分为 P43 kg、P50 kg 和 P60 kg 三种。城市轨道交通车辆段一般采用 P50 kg。

整体式钢轨绝缘安装总图如图 2-23 所示，需整体式槽型绝缘 2 块，轨端绝缘 1～2 片，绝缘垫圈 12 个，绝缘管 12 个，以及相应的垫圈、螺栓、螺母和弹簧垫圈。整体式槽型绝缘如图 2-24 所示。

二段式钢轨绝缘将槽型绝缘分成两块，可互换使用。分段后钢轨接缝处正好是槽型绝缘的接缝处，使该处处于自由状态，从而减小了对槽型绝缘的破坏，延长了使用寿命。

轨端绝缘如图 2-25 所示。配套采用宽腰轨端绝缘可加宽轨端绝缘相应于轨腰的部分。宽腰轨端绝缘分为两种类型：A 型和 B 型。A 型为带自锁腰型（图 2-26 中腰部为实线者），凸出部分插入鱼尾板凹槽内，改善了整个轨端绝缘的受力情况。B 型为不带自锁腰型（图 2-26 中腰部为虚线者）。

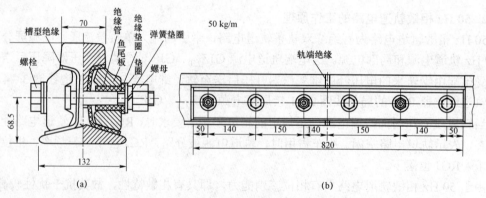

图 2-23　整体式钢轨绝缘安装总图（单位：mm）

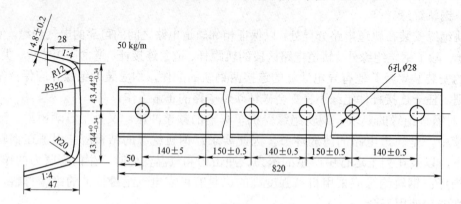

图 2-24　整体式槽型绝缘（单位：mm）

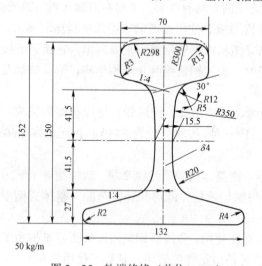

图 2-25　轨端绝缘（单位：mm）

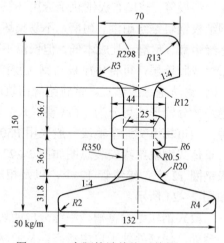

图 2-26　宽腰轨端绝缘（单位：mm）

三段式钢轨绝缘将槽型绝缘分为左、中、右三块，P50 kg 的槽型绝缘三块均可互换。

除槽型绝缘外，二段、三段式钢轨绝缘其他部件数量同前述整体式钢轨绝缘。

为保证绝缘接头的机械强度和电气绝缘的良好，槽型绝缘的型号必须与安装的钢轨断面尺寸相符，轨缝尽量大些，以安装 1～2 片轨端绝缘为宜。安装后，两钢轨头部应水平，轨端绝缘保持平正。接头附近不得出现积水翻浆现象。

钢轨绝缘接头处应推广高强度钢轨绝缘，即使用高强度螺柱、螺母、铁平垫圈和绝缘垫圈，以增加钢轨接头的机械强度，有效延长钢轨绝缘的使用寿命。

（2）轨道电路连接线

轨道电路连接线包括钢轨引接线、钢轨接续线和道岔跳线。

① 钢轨引接线。

YG 型钢轨引接线（以下简称引接线）是连接轨道电路送、受电端变压器箱或电缆盒与钢轨的导线，一般用涂有防腐油的多股钢丝绳（低碳素钢镀锌绞线）制成，如图 2-27 所示。它的一端焊在塞钉上，固定在钢轨上的塞钉孔内；另一端焊接在螺柱上，固定在变压器箱或电缆盒上。引接线按长度分为 1 200 mm、1 600 mm、2 700 mm、3 600 mm 四种，最大电阻值分别为 0.016 Ω、0.021 Ω、0.035 Ω、0.045 Ω。

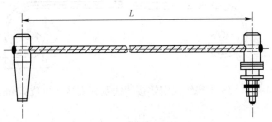

图 2-27　引接线

变压器箱、电缆盒与异侧钢轨连接原采用长度为 2 700 mm 或 3 600 mm 的引接线，将其用卡具固定在混凝土枕上。

引接线电阻的大小影响轨道电路多种状态的工作。过大，会使轨道电路工作不稳定；过小，会降低轨道电路分路灵敏度。

引接线的长度要满足连接设备之间的直线距离，并留有适当余量。引接线与周围金属应保持适当间隙，以免短路。运用中的引接线应不生锈，断根不超过 1/5，以免增加电阻。

变压器箱、电缆盒与钢轨间应设置埋设牢固的小混凝土枕，将引接线的余量部分盘成圆圈固定在小混凝土枕上。

为保证引接线的可靠性，现场多采用双钢轨引接线，一根断了，还有一根在起作用。

② 钢轨接续线。

钢轨接续线用于轨道电路接缝处的连接，以减小接触电阻。钢轨接续线分塞钉式和焊接式两种。

JS 型塞钉式钢轨接续线及其安装如图 2-28 所示。它由两根直径为 5 mm 的镀锌钢线与两端的圆锥形塞钉焊接而成，铁线两端绕成螺旋形。钢轨接续线一般装在钢轨外侧，并与鱼尾板密贴，高度不得超过轨头底部。安装时，塞钉孔内不得有锈。安装后，塞钉与塞钉孔缘应涂漆封闭。为减小塞钉与钢轨之间的接触电阻，塞钉打入塞钉孔应保持最大的接触面，以打紧后露出钢轨 2～3 mm 为宜。

塞钉式钢轨接续线的缺点是它与钢轨间的接触电阻较大且不稳定，为了保证轨道电路的稳定工作，推出焊接式钢轨接续线。

焊接式钢轨接续线采用多股镀锌钢绞线，截面积不小于 25 mm²，长 200 mm，接头间的距离为 110 mm，用铝热剂法或电弧焊、钎焊、冷挤压焊、爆压速焊等技术将其焊在钢轨两端。焊接式钢轨接续线如图 2-29 所示。

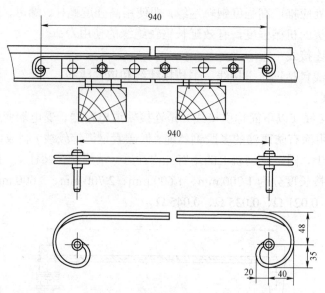

图 2-28　JS 型塞钉式钢轨接续线及其安装（单位：mm）

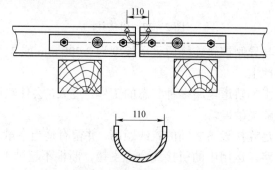

图 2-29　焊接式钢轨接续线（单位：mm）

　　两焊头中间距离应在 70～150 mm 范围内，焊头应低于钢轨面 11 mm。焊头外观应光滑饱满，焊接牢固，焊位正确。导线无损伤，无漏焊、假焊，焊接后焊接线应涂防锈涂料，油润无锈，断根不超过 1/5。

　　为保证钢轨接续线的可靠性，现场使用中多采用双塞钉式钢轨接续线或一塞一焊式钢轨接续线。

　　钢轨接续线，除应保证通过一定电流外，还要尽量减小钢轨接头的接触电阻，减小牵引电流对轨道电路的干扰及牵引电能的损耗，以及保证设备和人身安全。因此，要求钢轨接续线有一定的截面积（常采用多根），且必须双套。

　　（3）轨道变压器

　　轨道变压器用于轨道电路供电，为 BG$_5$-D 型。Ⅰ次侧输入电压 220 V，频率 50 Hz，功率 5 W，Ⅱ次侧最大输出电压 12 V，允许电流 10 A。通过连接不同端子可获得不同电压。

　　（4）中继变压器

　　中继变压器用于轨道电路受电端，Ⅰ次侧输入电压 1～2 V，允许电流 10 A，频率 50 Hz，功率 5 W，匝比 1:70，同名端为 I_1、II_1。

（5）电容器

电容器 C_A 主要用于隔直流，不使牵引电流进入轨道继电器轨道线圈，并且对 50 Hz 信号电流的无功分量进行补偿，起着减少轨道电路传输衰耗和相移的作用。

电容器 C 用来起补偿作用，以提高轨道继电器局部线圈的功率因数，减少输入电流。

（6）防雷元件

防雷元件 Z 是对接的硒片，称浪涌抑制器，用来防雷。

（7）变阻器

R-2.2/220 型变阻器用于限流，其阻值 2.2 Ω，功率 220 W，容许电流 10 A，容许温升 105 ℃。

4. 道岔区段轨道电路

道岔区段轨道电路与无岔区段轨道电路的不同之处在于其钢轨线路被分开而产生分支，为此需增加道岔绝缘和道岔跳线，还有一送多受的问题。

（1）道岔绝缘和道岔跳线

道岔区段除各种杆件、电动转辙机安装装置等要加装绝缘外，还要加装切割绝缘，称为道岔绝缘，以防止辙叉将轨道电路短路。道岔绝缘视需要，可设在道岔直股钢轨上，也可设在道岔侧股钢轨上。

为了保证信号电流的畅通，道岔区段除钢轨接续线外，还需装设道岔跳线。道岔跳线由塞钉和镀锌低碳钢绞线组成，两端焊在圆锥形塞钉上。为了减小钢轨阻抗，道岔跳线和钢轨接续线应采用截面积不小于 42 mm² 的多股镀锌钢绞线。FAD 型道岔跳线如图 2-30 所示，其规格如表 2-2 所示。

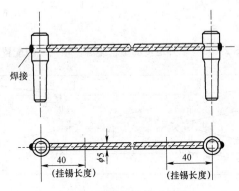

图 2-30　FAD 型道岔跳线（单位：mm）

表 2-2　FAD 型道岔跳线规格

道岔跳线型号	型号	公称长度/mm	电阻值/Ω
FAD-900	I	900	≤0.012
FAD-1200	II	1 200	≤0.016
FAD-1500	III	1 500	≤0.020
FAD-3000	IV	3 000	≤0.039
FAD-3300	V	3 300	≤0.043

各类道岔所用道岔跳线如表2-3所示。

表2-3　各类道岔所用道岔跳线数量

道岔种类	跳线型号			总计
	FAD-900	FAD-1500	FAD-3000	
单开	5	2	1	8
交叉渡线	30	10	4	44
复式交分	18	12	2	32

有关道岔绝缘和道岔跳线的配置，单开道岔的如图2-31所示，交叉渡线道岔的如图2-32所示，复式交分道岔的如图2-33所示。

为了确保交叉渡线上轨道电路和机车信号设备能正常工作，当交叉渡线上两根轨道都通过牵引电流时，该交叉渡线上应增设绝缘节，如图2-34所示。由于交叉渡线道岔型号及铺设处线路间距的不同，在辙叉处增设绝缘节的方法也不尽相同。

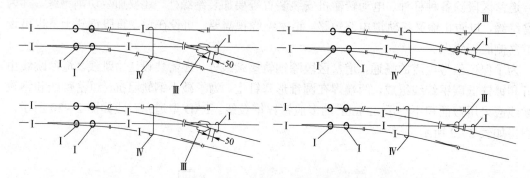

图2-31　单开道岔的道岔绝缘、道岔跳线配置

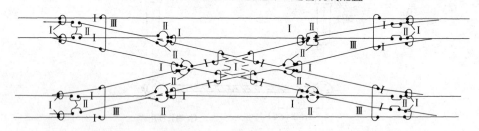

图2-32　交叉渡线道岔的道岔绝缘、道岔跳线配置

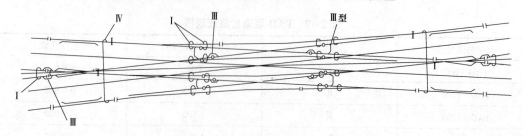

图2-33　复式交分道岔的道岔绝缘、道岔跳线配置

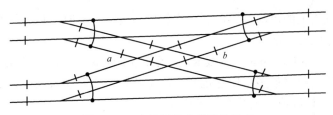

图2-34　交叉渡线上增设绝缘节

（2）道岔区段轨道电路的连接方式

道岔区段轨道电路的连接方式有串联式和并联式两种。串联式道岔区段轨道电路可以检查所有跳线和钢轨是否完整，因此比较安全。但它结构较复杂，增加了一组道岔绝缘、两根用电缆（或长跳线）构成的连接线，给施工和维修带来不便，所以它在我国未被广泛采用。

并联式道岔区段轨道电路如图2-35所示。这种电路较简单，当直股或弯股有车占用时，轨道继电器因分路均能落下。

列车进入弯股时，因弯股未设受电设备，轨道继电器不会落下，这是非常危险的。解决该问题的方法是用双跳线来防护，即增加第二跳线，以减少跳线折断的概率。为提高可靠性，现场使用中也将所有跳线改为双跳线。另外，若弯股钢轨折断或弯股钢轨表面不洁或分支线路过长，当列车占用时，轨道继电器也不落下，所以这种轨道电路不符合故障—安全要求。鉴于这一严重缺陷，提出一送多受轨道电路，使各分支线路都得到检查。

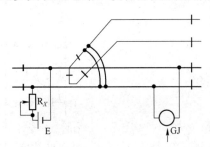

图2-35　并联式道岔区段轨道电路

（3）一送多受轨道电路

有些道岔区段采用一送多受轨道电路，包括一送两受、一送三受轨道电路。

一送多受轨道电路设有一个送电端，在每个分支轨道电路的另一端各设一个受电端。各分支受电端轨道继电器的前接点串联在主轨道继电器电路中。当任一分支分路时，分支轨道继电器落下，主轨道继电器也落下，将主轨道继电器接点用在联锁电路中。图2-36为一送两受轨道电路。当分支轨道电路有车占用或跳线折断时，一送多受轨道电路可监督轨道电路的状态，以实现对整个轨道电路空闲与否的检查。

在受电端均串接可调电阻器，这是为了提高轨道电路的分路灵敏度，以及使同一轨道电路内各轨道继电器的电压基本平衡，同时满足轨道电路的调整、分路和断轨三种状态。

采用一送多受轨道电路时，应注意以下各点。

① 与停车线相衔接（无其他道岔区段隔开）的道岔轨道电路的分支末端，应设受电端。

② 所有列车进路上的道岔区段，其分支长度超过 65 m 时（自并联起点道岔的叉心算起），在该分支末端应设受电端。

③ 个别分支长度小于 65 m 的分支线末端，当分路不良而危及行车安全时，亦应增设受电端。

④ 一送多受轨道电路最多不应超过三个受电端。一送四受轨道电路因维修调整困难，不再使用，遇有此种情况应分成两个轨道电路。

⑤ 一送多受轨道电路任一地点有车占用时，必须保证有一个受电端被分路。

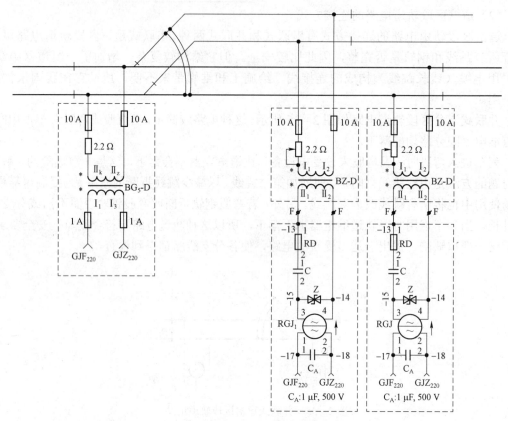

图 2-36　一送两受轨道电路

5. 50 Hz 相敏轨道电路轨道继电器的应用

由 50 Hz 相敏轨道电路的轨道继电器 RDGJ 控制各组合中的 GJ，如图 2-37 所示。

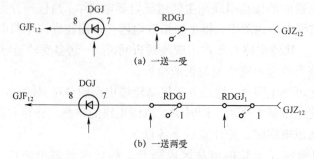

图 2-37　50 Hz 相敏轨道电路轨道继电器电路

6. 轨道电路的极性交叉

（1）极性交叉的含义

对于有钢轨绝缘的轨道电路，为了避免钢轨绝缘破损，使绝缘节两侧的轨面电压具有不同的极性或相反的相位，这就是轨道电路的极性交叉，如图2-38所示。图中，粗线表示接电源正极，细线表示接电源负极。附图2（扫描目录后二维码查看）中就出现了轨道电路极性交叉的情况。

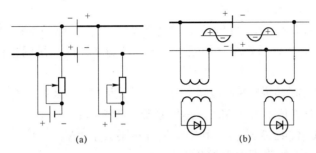

(a)　　　　　　　　(b)

图2-38　轨道电路的极性交叉

（2）极性交叉的作用

极性交叉可防止在相邻轨道电路间的绝缘破损时引起轨道继电器的错误动作。如图2-39所示，1G和3G是两个相邻的轨道电路，它们没有实现极性交叉。当1G有车占用而绝缘破损的情况下，流经轨道继电器1GJ的电流等于两个轨道电源所供的电流之和，1GJ有可能保持吸起，这危及行车安全。若按极性交叉来配置，绝缘破损时，轨道继电器中的电流就是两者之差，只要调整得当，1GJ和3GJ都会落下，从而满足了故障—安全要求。

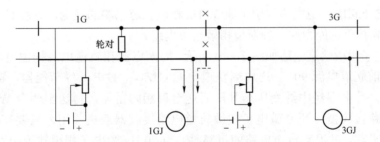

图2-39　极性交叉的作用分析

对于交流供电来说，只要两相邻轨道电路的电流相位相反，它们的瞬间极性也相反，就能得到极性交叉的效果。而对于频率电码轨道电路来说，因相邻区段的编码不同，无法实现极性交叉，因此必须采用频率防护的方法。

（3）极性交叉的配置

在无分支线路上，极性交叉配置比较容易，只要依次变换轨道电路供电电源的极性即可。而在有分支线路上，即在有道岔处，极性交叉的配置要复杂一些。因为道岔绝缘节可以设在道岔直股，也可设在弯股，不同的设置将影响整个车站极性交叉的配置。

二、50 Hz 微电子相敏轨道电路

50 Hz 微电子相敏轨道电路是专门为城市轨道交通研制的，用于车辆段内。

1. 50 Hz 微电子相敏轨道电路的技术参数

50 Hz 微电子相敏轨道电路的技术参数如下：

① 能适应的最大直流牵引电流为 4 000 A；

② 分路电阻为 0.15 Ω，分路残压不大于 10 V；

③ 送、受电端防护电阻的阻值不小于 1.6 Ω；

④ 极限长度为 300 m；

⑤ 在钢轨阻抗为 $0.8\angle 60°$ Ω/km，道砟电阻大于等于 1.5 Ω·km，50 Hz 电源电压范围为（220±6.6）V 时，在轨道电路极限长度内，轨道电路能满足调整和分路检查的要求，并实现一次调整；

⑥ 50 Hz 微电子相敏轨道电路接收器交流工作电压为 13.5～18 V，工作值为（12.5±0.5）V，理想相位角为 0°，失调角不大于 30°，返回系数大于 85%；

⑦ 电源采用 DC（24±3.6）V，其中交流分量不大于 1 V；

⑧ 送电端电缆允许压降不大于 60 V。

2. 50 Hz 微电子相敏轨道电路的原理

50 Hz 相敏轨道电路的接收设备为交流二元继电器，存在较多问题：

① 返回系数较低，约 50%，不利于提高轨道电路的传输性能。

② 由于其机械结构的原因，易发生接点卡阻，列车进入该轨道电路区段后，轨道继电器不能可靠落下，曾造成多起重大行车事故。

③ 抗干扰能力差。当电力机车升弓、降弓、加速或减速时，在轨道电路中产生较大的脉冲干扰，可能造成继电器错误动作，直接危及行车安全。

50 Hz 微电子相敏轨道电路保留了原 50 Hz 相敏轨道电路的优点，克服其缺点，成为具有高可靠性、高抗干扰能力的一种新型相敏轨道电路。

50 Hz 微电子相敏轨道电路如图 2–40 所示，局部电源和轨道电源均由电源屏提供，并且局部电源超前轨道电源 90°。送电端轨道电源 GJZ_{220}、GJF_{220} 经节能器、轨道变压器降压后送至钢轨。受电端经中继变压器升压后送至调相防雷器，再送至两台 WXJ50 型微电子相敏轨道电路接收器。两台微电子相敏轨道电路接收器双机并用，只要有一台有输出，轨道继电器即吸起，以提高轨道电路的可靠性。当 50 Hz 微电子相敏轨道电路接收器接收到 50 Hz 轨道信号，且局部电压超前轨道电压一定范围的角度（θ）时，微电子相敏轨道电路接收器使轨道继电器吸起。在 $\theta=90°$ 时，处于最佳接收状态。当收到的信号不能完全满足以上条件时，轨道继电器落下。

其中，轨道电源、局部电源、调相防雷器、微电子相敏轨道电路接收器、轨道继电器设在室内；节能器、轨道变压器、送电端防护电阻及熔断器设在室外送电端变压器箱内；中继变压器、受电端防护电阻及断路器设在室外受电端变压器箱内。室内外设备用电缆相连。

轨道变压器为 BG_5–B 型，中继变压器为 BZ–B 型，节能器为 JNQ–B 型。

调相防雷器（TFQ）内设电容器和防雷元件，用于调整轨道电路的相位和防雷。当其轨道输入端在输入电压为 15 V/50 Hz 时，电流应不大于 10 mA。

R_1、R_2 为送、受电端防护电阻，R_1 同时是限流电阻。

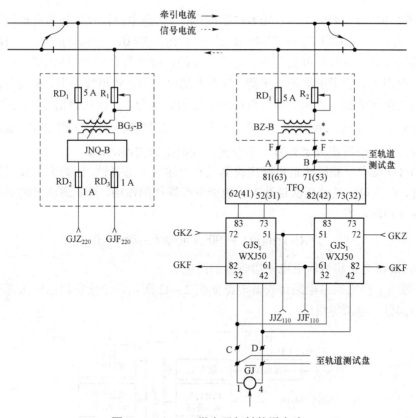

图 2-40　50 Hz 微电子相敏轨道电路

在一送多受时，每个分支用一个接收器和轨道继电器，在主接收器的轨道继电器电路中串接其他分支轨道继电器的前接点。

3. 50 Hz 微电子相敏轨道电路接收器

（1）50 Hz 微电子相敏轨道电路接收器的工作原理

50 Hz 微电子相敏轨道电路接收器的原理框图如图 2-41 所示。其中，$X_J(t)$ 是局部信号，$X_G(t)$ 是轨道信号。

图 2-41　50 Hz 微电子相敏轨道电路接收器的原理框图

当局部信号和轨道信号是同频率且相位差为 θ 时，设 $X_J(t)=A\sin\omega t$，则有

$$X_G(t)=B\sin(\omega t-\theta)$$

$$Y=\int A\sin(\omega t-90°)\,B\sin(\omega t-\theta)\mathrm{d}t=AB\int\cos(\omega t)\sin(\theta-\omega t)\mathrm{d}t$$

其中 $T=2\pi/\omega$。

根据正弦信号与余弦信号在区间 $[-T/2,\ T/2]$ 内具有正交特性可知

$$\int\cos(n\omega t)\cos(m\omega t)\,\mathrm{d}t=\int\sin(n\omega t)\sin(m\omega t)\,\mathrm{d}t$$

当 $\theta=+90°$ 时，$Y=AB$（$T/2$），50 Hz 微电子相敏轨道电路接收器使执行继电器吸起。而当 $\theta=-90°$ 时，$Y=-AB$（$T/2$）；当 $\theta=0°$ 或 180° 时，$Y=0$，均为非正值，50 Hz 微电子相敏轨道电路接收器使执行继电器落下。这样，该接收器就具有可靠的相位选择性。

由于两根钢轨上的牵引电流不平衡，将有干扰电压加在轨道线圈上，在列车占用轨道电路时，不应使执行继电器错误动作。设局部信号的频率为 ω，而轨道信号的频率为 2ω，则 $Y=AB\int \sin(\omega t-90°)\sin(2\omega t-\theta)\mathrm{d}t=0$，这就是说当同时收到 25 Hz 和 50 Hz 这两种不同频率的信号时，在一个周期内 Y 为零，不会使执行继电器错误动作。

由于 50 Hz 微电子相敏轨道电路接收器具有上述频率选择性，因此它不仅可以防止牵引电流的干扰，而且对于其他高次谐波干扰也能发挥同样的作用。当轨道信号的频率为局部信号的频率的 n 倍时，有

$$Y=AB\int \sin(\omega t-90°)\sin(n\omega t-\theta)\mathrm{d}t=0$$

（2）50 Hz 微电子相敏轨道电路接收器的组成

50 Hz 微电子相敏轨道电路接收器电路如图 2-42 所示，该接收器由输入部分、单片机部分、输出部分、电源等组成。

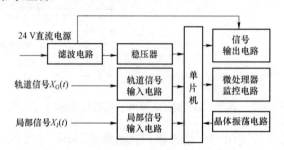

图 2-42　50 Hz 微电子相敏轨道电路接收器电路

① 输入部分。输入部分由局部信号输入电路和轨道信号输入电路组成。局部信号输入电路是将局部信号经光电耦合输入给单片机。轨道信号输入电路包括隔离变压器、轨道输入信号相位辨别电路和接口电路。隔离变压器对输入信号起隔离、输入阻抗匹配及防雷电冲击保护微电子设备的作用。轨道输入信号相位辨别电路和接口电路将轨道输入的模拟信号转换为数字信号，然后送入单片机对信号进行数字处理。

② 单片机部分。单片机部分由单片机、微处理器监控电路、晶体振荡电路组成，完成接收器的数字处理功能。单片机选用 MCS-51 系列芯片。微处理器监控电路的功能是有效检测单片机在不可预测的干扰作用下产生的程序执行紊乱和自动恢复，以提高单片机系统的可靠性和抗干扰能力。微处理器监控电路运行后，若单片机在规定时间内访问它，则单片机正常工作；若单片机在规定时间内未能访问它，则单片机自动复位，系统重新初始化。

③ 输出部分。输出部分由驱动电路、功放电路、隔离变压器等组成。单片机部分对输入信号进行处理后，输出一高频信号至输出部分，经驱动电路送到功放电路中，通过放大输出给隔离变压器，再进行整流、滤波，控制轨道执行继电器工作。

④ 电源。电源由滤波电路和两个三端稳压器组成。电源屏提供的 24 V 直流电压，经滤

波、稳压，输出 9 V 供轨道信号输入电路，5 V 供单片机电路，24 V 供信号输出电路。

系统软件主要由主程序和四个中断服务子程序组成，完成系统初始化、信号采集与处理、信号延时和继电器控制等功能。软件采用结构化设计方法，用汇编语言编写，各功能程序实现模块化。

4. 50 Hz 微电子相敏轨道电路的调整和测试

50 Hz 微电子相敏轨道电路要进行以下调整和测试：

① 送、受电端防护电阻的阻值应按规定加以固定，不应作为调整轨道电路的手段。在调整前，应首先检查送、受电端防护电阻的阻值是否符合规定，然后再调整轨道变压器的 II 次侧电压，使之满足要求。

② 调整轨道电路前，对标有同名端的设备应按设计图纸中的要求检查其间是否均已按同名端相连，和钢轨的连接是否符合相位要求。在调整轨道变压器的电压时，应注意不要接错同名端，如果个别器材的同名端不符合规定，应予以更换，避免影响轨道电路的正常工作。

③ 用电压表对微电子相敏轨道电路接收器的轨道侧和局部侧进行测量，符合要求时轨道继电器应吸起。若不吸起，再用相位表对微电子相敏轨道电路接收器的轨道侧和局部侧进行测量，看相位是否正确。

④ 在施工及维修中对轨道电路进行调整时，可按 50 Hz 微电子相敏轨道电路参考调整表（表 2-4）即按轨道电路的类型（长度和一送多受），通过调整轨道变压器的端子获得相应的送电端电压，使轨道继电器端电压符合要求。

表 2-4　50 Hz 微电子相敏轨道电路参考调整表

类　型	长度/km	送电端调整电压/V	轨道继电器端电压/V	
			U_{Jmax}	U_{Jmin}
一送一受	0.05	6.3	15.8	12.5
一送一受	0.10	6.7	16.8	12.5
一送一受	0.20	7.5	18.7	12.5
一送一受	0.30	8.4	20.7	12.5
一送一受带三个无受电分支	≤0.30	8.4	20.9	12.5
一送两受带一个无受电分支	≤0.20	10.7	17.4	12.5

三、轨道电路的基本工作状态和基本参数

1. 轨道电路的基本工作状态

轨道电路的基本工作状态分为调整状态、分路状态和断轨状态三种。轨道电路在各种工作状态下要受到许多外界因素的影响，其中受道砟电阻、钢轨阻抗和发送电压的影响最大。这三个参数对各种工作状态造成的影响又各不相同。

（1）轨道电路的调整状态

轨道电路的调整状态，就是轨道电路完整和空闲时接收设备（如轨道继电器）正常工作

时的状态。

在调整状态，对轨道继电器来说，它从钢轨上接收到的电流越大，它的工作就越可靠。但这个电流值将随着道砟电阻、钢轨阻抗、发送电压的变化而变化。调整状态的最不利条件是：发送电压最低、钢轨阻抗最大、道砟电阻最小，同时轨道电路长度为极限长度。在最不利条件下，轨道电路接收设备应能可靠工作，能反映轨道电路的空闲状态。

（2）轨道电路的分路状态

轨道电路的分路状态，就是当轨道电路有车占用时，接收设备（如轨道继电器）应被分路而停止工作的状态。

当列车占用轨道电路时，它的轮对在两钢轨之间形成的电阻按一般电路分析，可看成是起短路作用。但轨道电路是低电阻电路，所以列车占用轨道电路时，只能看成是两钢轨间跨接了一个分路电阻，故称分路状态。

分路状态的最不利条件是：发送电压最高、钢轨阻抗最小、道砟电阻最大、列车分路电阻也最大（车轻、轮对少、车轮与钢轨接触面不洁）。在分路状态的最不利条件下，轨道电路接收设备应能可靠地停止工作，能反映轨道电路区段有车占用。

（3）轨道电路的断轨状态

轨道电路的断轨状态，是指轨道电路的钢轨在某处折断时的情况，此时钢轨虽已折断，但轨道电路仍可通过大地构成回路，接收设备中还会有一定值的电流流过。为了确保安全，断轨时，接收设备应不能工作。

断轨状态的最不利条件是：断轨时轨道电路的参数变化使轨道接收设备获得最大电流。它除了与钢轨阻抗最小、发送电压最大有关外，与断轨地点和道砟电阻的大小也有一定的关系。有使接收设备中电流最大的最不利数值——临界断轨地点和临界道砟电阻。

2. 轨道电路分路的几个术语

（1）列车分路电阻

列车占用轨道电路时，轮对跨在两根钢轨上形成的电阻，就称为列车分路电阻。它由车轮和车轴本身的电阻，以及轮缘与钢轨的接触电阻组成。由于轮缘与钢轨的接触面很小，因此车轮和车轴本身的电阻比接触电阻小得多，可忽略不计。所以，列车分路电阻实际上就是轮缘与钢轨的接触电阻。列车分路电阻的大小与轨道上分路的车轴数、车辆的载重情况、列车的运行状态、轮缘的装配质量和磨损程度、钢轨顶部的洁净程度等因素有关。它的变化范围很大，从千分之几欧到 $0.06\ \Omega$。

（2）分路效应

列车分路使轨道电路接收设备中的电流减小，并处于不工作状态，这一现象称为有分路效应。在分路状态最不利条件下，有列车分路时，对于连续式轨道电路，要保证轨道继电器的端电压不大于它的可靠释放值。分路效应在很大程度上决定了轨道电路的质量。

（3）分路灵敏度

分路灵敏度指在轨道电路的钢轨上，用一电阻在某点对轨道电路分路，若恰好能使轨道继电器线圈中的电流减小到释放值（脉冲式轨道电路为不吸起值），则这个分路电阻值就叫作该点的分路灵敏度。轨道上各点的分路灵敏度不一样。分路灵敏度用电阻值（单位为Ω）来表示。

（4）极限分路灵敏度

对某轨道电路来说，各点的分路灵敏度中的最小值就是该轨道电路的极限分路灵敏度。

（5）标准分路灵敏度

标准分路灵敏度的大小是衡量轨道电路分路效应优劣的标准。我国铁路规定一般的轨道电路的标准分路灵敏度为 0.06 Ω。对于一轨道电路，在分路状态最不利的条件下，使用 0.06 Ω 的标准电阻线在任何地点分路时，轨道电路的接收设备停止工作，该轨道电路的分路效应才符合标准。

3. 轨道电路的基本参数

轨道电路的基本参数指的是它的一次参数和二次参数。

（1）轨道电路的一次参数

轨道电路是通过钢轨传输电流的，钢轨铺设在轨枕上，轨枕置于道床中，所以轨道电路是具有低绝缘电阻的电气回路。钢轨阻抗（钢轨电阻和钢轨电抗的向量和）和漏泄导纳（漏泄电导和漏泄容抗的向量和）是轨道电路固有的电气参数。

① 道砟电阻。

如图 2—43 所示，轨道电路的漏泄电流是由一根钢轨经轨枕和道床流往另一根钢轨的，其大小由钢轨线路的绝缘阻抗即道砟电阻决定的。道砟电阻是一个分布参数，通常以每千米钢轨线路所具有的漏阻值表示，用 r_d 表示，单位是 Ω·km。

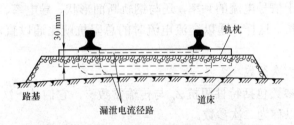

图 2—43 轨道电路漏泄电流径路

漏泄电流是通过不同性质的导电介质流过的，钢轨和线路上的其他金属配件都有电子导电性。轨枕和道床均会有水分，它们都具有离子导电性，可把它们看作是特殊的电解质。道砟电阻的大小，一方面取决于道砟的材料、道砟层的厚度、轨枕的材质和数量，另一方面还取决于温度、湿度的变化，以及道床土壤的导电率等因素。

我国使用的轨枕有木枕和钢筋混凝土轨枕。木枕经绝缘的防腐剂处理后，可提高道床电阻值。当木枕有裂缝和腐朽等情况时，道砟电阻值要降低。每根木枕的绝缘电阻值约为几十千欧，每千米铺设 1 600～2 400 根时，每千米轨枕的绝缘电阻值为 20 Ω 左右。对于钢筋混凝土轨枕，钢轨底部有绝缘垫板，它的好坏对道砟电阻值有较大的影响。其导电率受环境影响比木枕显著，而且钢轨之间呈现的电容性要增强，会使漏泄电流增大，但信号电流频率较低，电容的作用很小。每根钢筋混凝土轨枕的绝缘电阻值为 70～80 Ω，每千米铺设 1 600～2 400 根时，每千米轨枕的绝缘电阻值仅为 0.04～0.05 Ω，垫上绝缘垫板后可达 50～150 Ω。

但实际的道砟电阻值远低于上述数值，这是因为漏泄电流是经轨枕、道砟和大地三条并联路径构成回路的。在电子性和离子性导电元件的交界处，必然发生电化学反应，形成一种过渡层电阻，其大小与两钢轨的电位、环境温度、湿度有关。温度、湿度升高时，电化学反应增强，钢轨线路的绝缘阻抗降低。所以，夏季暴雨后 8～10 min 会出现道砟电阻的最小值。在冬季，气温在零下时，道砟电阻值可达最大。道砟电阻的最大值和最小值会相差十几倍，甚至上百倍。

道砟电阻越小，两钢轨间接的漏泄电流越大，轨道电路消耗的电能就会增多。而且道砟电阻值变化的范围越大，轨道电路的工作状态就越不稳定。因此，要保证轨道电路的稳定工作，必须尽量提高最小道砟电阻值。工务部门应积极采取措施，提高道床排水能力，定期清筛，及时更换腐朽及破裂的轨枕，努力改善道床质量。

② 钢轨阻抗

每千米两根钢轨（回路）的阻抗，称为单位钢轨阻抗，简称钢轨阻抗，用 Z 表示，单位是 Ω/km。它包括钢轨本身的阻抗及钢轨接头处的阻抗。钢轨接头处的阻抗则包括鱼尾板及导接线的阻抗和它们的接触电阻。鱼尾板和钢轨间的接触电阻的大小和鱼尾板、钢轨端部表面的污垢及锈蚀程度、螺栓的松紧、气候条件有关，它的变化范围很大。安装了钢轨接续线后，该接触电阻与接续线阻抗及接续线和钢轨间的接触电阻所并联，因此，钢轨接头处的总阻抗就显著降低，且比较稳定。

当轨道电路中通以直流电流时，钢轨阻抗就是纯电阻，称为钢轨电阻。而当轨道电路中通以交流电流时，由于钢轨的磁导率大，集肤效应明显，使有效截面减少，有效电阻增大。它在很大程度上取决于信号电流的频率，还与钢轨断面形状、导电率、磁导率有关。除了有效电阻外，还存在感抗。这样，通以交流电流时的总阻抗就比通以直流电流时的总阻抗大很多。

（2）轨道电路的二次参数

轨道电路的二次参数包括特性阻抗 $\dot{Z}_C$ 与传输常数 $\dot{\gamma}$，它们是一次参数——钢轨阻抗和道砟电阻的函数，所以称为二次参数。

轨道电路的钢轨阻抗和道砟电阻是均匀分布的，属于均匀分布参数传输线，可以用分布参数传输线的基本方程来反映轨道电路送、受电端的电压。轨道电路送、受电端的电压、电流的关系为

$$\begin{cases} \dot{U}_S = \dot{U}_Z + \cosh \dot{\gamma}l + I_Z Z_C \sinh \dot{\gamma}l \\ \dot{I}_S = \dfrac{\dot{U}_Z}{\dot{I}_C} \sinh \dot{\gamma}l + I_z \cosh \dot{\gamma}l \end{cases} \qquad (2-1)$$

式中：$\dot{U}_S$——轨道电路送电端（始端）电压；

$\dot{I}_S$——轨道电路送电端（始端）电流；

$\dot{U}_Z$——轨道电路受电端（终端）电压；

$\dot{I}_Z$——轨道电路受电端（终端）电流；

$\dot{Z}_C$——轨道电路的特性阻抗；

$\dot{\gamma}$——轨道电路的传输常数；

l——轨道电路长度。

其中轨道电路的特性阻抗

$$\dot{Z}_C = \left| \sqrt{Z \cdot r_d} \right| e^{j\varphi_z/2} \ (\Omega) \qquad (2-2)$$

式中：Z——钢轨阻抗值，Ω/km；

　　　r_d——道砟电阻，$\Omega \cdot$ km；

　　　φ_z——钢轨阻抗的幅角，rad。

对交流轨道电路来说，传输常数 $\dot{\gamma} = \beta + \mathrm{j}\alpha$，是复数。$\beta$ 为轨道电路的衰耗常数，它反映了轨道电路电压、电流每千米的衰耗程度，单位为 km^{-1}。α 为轨道电路的相移常数，它反映了轨道电路的电压、电流每千米的相移情况，单位为 rad/km。轨道电路的传输常数

$$\dot{\gamma} = \left| \sqrt{\frac{Z}{\gamma_\mathrm{d}}} \right| \mathrm{e}^{\mathrm{j}\varphi_\mathrm{z}/2} \quad (\mathrm{km}^{-1}) \tag{2-3}$$

在测算轨道电路一次参数时，通常的方法是从轨道电路送、受电端电压、电流的关系中，先求出二次参数，再根据二次参数求得一次参数。

四、轨道电路的维修

1. 轨道电路的维修内容

（1）日常保养

① 检查钢轨绝缘外观是否良好，轨缝是否标准。

② 轨距杆、道岔连接杆、连接板及安装装置绝缘外观检查。

③ 检查送、受电端引线、接续线、道岔跳线是否完好，防混措施是否良好。

④ 检查外界对设备的干扰，发现问题及时处理。

⑤ 检查箱盒有无破损、漏水，加锁装置是否良好。

⑥ 检查箱盒外部螺栓是否良好。

⑦ 访问车辆段值班员，了解运用情况。

⑧ 基础面及设备外部清扫、注油。

⑨ 更换不良绝缘。

⑩ 更换断股导接线、钢丝绳，对缺油钢丝绳补油。

（2）集中检修

① 检查、测试轨道绝缘，更换不良绝缘、导线及部件。

② 检查、测试轨距杆绝缘，不良的更换。

③ 检查送、受电端箱盒通风、防尘状况，不良的整修。

④ 钢丝绳除锈、涂油、整修。

⑤ 检查、补齐、整修引接线、接续线、道岔跳线。

⑥ 基础面及设备外部清扫、注油。

⑦ 分路测试试验。

⑧ 液压断路器检查、试验、更换，核对容量。

⑨ 极性交叉校核和绝缘破损试验。

⑩ 电气特性测试。

⑪ 更换器材及试验。

⑫ 测试防雷元件，不良的更换。

⑬ 箱、盒清扫。

⑭ 轨道电路标调。

⑮ 配合工务部门更换绝缘和不良轨距杆。

2. 维修轨道电路时的注意事项

维修轨道电路时必须注意以下事项：

① 维修轨道电路时，必须先登记，联系妥善后方可进行。

② 铆塞钉时手锤要敲得狠、敲得准。塞钉不可不出头，但也不可一铆到底，以铆紧并出头 2～3 mm，敲上去梆梆响为佳。若因孔小塞钉出现"肥边"，应将其凿去后再继续铆，不可猛敲猛砸，避免造成塞钉未出头但后部已弯曲。

③ 检查塞钉线铆接是否牢固，不宜每次用手锤猛敲。如果塞钉本来已铆得很紧，再受到猛力敲击，塞钉本身无法进入眼孔，只会弯曲或尾部堆大。

④ 在道岔区段发现不良塞钉线时，不可贸然进行更换，须与车站值班员联系，取得同意后方可进行，否则也可能关闭已开放的信号机。道岔区段的各种钢丝绳、跳线的更换亦须取得车辆段值班员的同意。

⑤ 钢丝绳引入固定根母不可松动，各种钢丝绳断股超过 1/10 时应立即进行更换。轨端绝缘破损或挤没时，应及时通知工务部门配合更换。尤其要注意辙叉部分的极性绝缘。

3. 轨道电路的主要维修事项

（1）更换和整治轨道电路送、受电钢丝绳

更换轨道电路送、受电钢丝绳前应做好充分的准备，如检查新钢丝绳的长度是否合适、接线丝扣是否良好，将原使用的钢丝绳卡钉先去掉一部分，剩余的卡钉松动一下。要点后先拆除箱、盒内的螺帽，再冲击塞钉。新的塞钉按钢丝绳朝下引口方向铆入轨孔，将余量顺拧紧盘成圈，带扣的一端也按朝下引口方向塞入箱、盒帮孔内，加绝缘垫圈、铁垫圈，将螺帽拧紧，即可恢复送、受电。盘成圈的余量用卡钉固定。

维修良好的送、受电钢丝绳应符合以下要求：

① 钢丝绳在箱、盒外帮口应不能拧动，两绳不应交叉。钢丝绳换装前应涂防锈漆和黑漆或灰漆（涂塑的不油漆）。将钢丝绳与塞钉、带丝扣螺栓之间的焊接口朝下，并涂以牛油。

② 塞钉铆入轨孔内以透出 2～3 mm 为好，一铆到底或未透出即已弯曲的均属不良。带丝扣螺栓与箱帮间应加橡皮圈，以防雨露渗入。

③ 卡钉固定时前后成"八"字形，固定深度以卡住钢丝绳面并留有 0.5～1 mm 的间隙为佳，涂塑钢丝绳尤其不可钉得过紧，日后维修对裸钢丝绳涂水沥青较好。

（2）弯曲变形塞钉线的处理

由于工务部门给鱼尾板、螺栓涂油时将塞钉线撬出，或更换钢轨时钻眼距离不当等原因，塞钉线常弯曲变形。有的伸得过长使圆弧消失，有的余量过多使中间隆起，有的眼孔过高使线条高过轨面，有的弯弯曲曲。变形的塞钉线较多时，应进行重点整治，可采取以下处理方法：

① 对于不合适的眼孔，要重新钻孔，保证两塞钉间距 940 mm，距轨面 70 mm，要采用直径为 9.7～9.9 mm 的麻花钻头，不可任意改动。

② 对于过大或过小的眼孔，也应重新钻孔，将塞钉敲细或堆粗均非长久之计。

③ 眼孔钻得过高或余量过多会使塞钉线中间隆起，整治时，两人各将一个削尖木把插

入塞钉线圆弧内，以塞钉为支点同时用力将塞钉线圆弧向下撬，低于轨面后再用长把螺丝刀或扳手把将塞钉线圆弧向外撬，使之平直整齐。

④ 塞钉线弯扭时，整治方法同上。将线条伸直后，不要左右松动，用手锤将弯扭处垫着钢轨上部边沿敲直，敲直后再抽出木把，将塞钉线圆弧向轨外撬一下就可恢复原状，以线条不超出轨面且两端不碰鱼尾板边角为好。

（3）轨道电路变压器箱内配线的更换

更换轨道电路变压器箱内配线时应注意以下问题：

① 在值班员室设专人联系，利用行车间隙进行。如果作业繁忙，无隙可用，则必须封锁进行。

② 先将旧设备移出箱外，如配线短无法移出，则另搞一套临时送、受电设备，将其配线临时与变压器箱端子连接，旧设备即可拆至箱外，将箱内位置让出。

③ 进行箱内密封处理和油漆，然后在油漆一新的底板上将经过整修的送、受电设备布置好填入箱内并用木螺丝固定。如蛇管口堵孔螺栓或一侧钢丝绳引入螺栓影响填入，可拆除堵孔螺栓或要点拆除钢丝绳引入螺栓，填入后立即恢复原结线。

④ 底板填入后，将连向端子板的线条穿入各自的配线板眼孔内制环待用。

⑤ 测量、记录送、受电电压，向车站值班员联系要点后，将旧线拆除更换成新线，按原送、受电电压进行调整。新设备换上后，万一无法正常工作，可随时恢复临时送、受电设备或使用移出箱外的原设备。

（4）轨道电路电气特性的测试

50 Hz 相敏轨道电路的电气特性测试包括以下几方面：

① 电源电压。电源电压即电源屏送出的轨道电路电源电压，可用万用表的 250 V 交流电压挡在分线柜有关端子上测得。

② 送、受电变压器 I 、 II 次侧电压。测送电变压器 I 次侧电压时，将万用表置于交流 250 V 挡，两棒并接在 I_1 、 I_4 端子上。该电压由电源屏直接供出，除去电缆芯线压降，应保持在交流 210～220 V。测送电变压器 II 次侧电压时，将万用表置于交流 10 V 挡，在轨道电路调整状态下将其并接在 II 次侧的使用端子上即可。

③ 限流电阻压降。轨道电路在调整状态下，限流电阻压降随轨道变压器 II 次侧电压而变化，通过将万用表置于交流 10 V 挡并将其并接在限流电阻器上、下端子上即可测得，一般为 1.5 V 左右。

④ 送电端轨面电压。送电端轨面电压等于送电变压器 II 次侧电压减去限流电阻压降和钢丝绳上的压降。将万用表置于交流 10 V 挡，其两棒分别与送电端两钢轨轨面明亮处作良好接触即可直接测出送电端轨面电压。

⑤ 受电端轨面电压。受电端轨面电压与轨道区段长短、受电端数量、轨道传输中的压降等因素有关。将万用表置于交流 10 V 挡后在受电端轨面可直接测得受电端轨面电压，一送多受的各受电端轨面电压会有所不同。

⑥ 轨道继电器端电压。受电变压器 II 次侧电压减去电缆馈线电压降即为轨道继电器端电压，可通过将万用表置于交流 25 V 挡后从继电器的 3、4 端子上测得，应不小于 15 V。如装有轨道电路测试盘，轨道继电器端电压可由该测试盘测得。

⑦ 轨道电路分路残压。轨道电路区段被占用后，轨道继电器落下，在它的线圈上仍

可能有电压，该电压称为轨道电路分路残压。用 0.06 Ω 标准分路线分路轨道电路，将万用表置于交流 10 V 挡后可直接从轨道继电器的 3、4 端子上测得该残压，它不得超过 7.4 V，电子接收器的轨道接收端电压应不大于 10 V。

⑧ 极性交叉检查。50 Hz 相敏轨道电路极性交叉检查可采用电压法来进行：

方法一：$V_1 > V_5$ 或 $V_1 > V_6$ 或 $V_4 > V_5$ 或 $V_4 > V_6$ 成立时，有相位交叉；

方法二：$2V_1 > V_2$ 或 $2V_1 > V_3$ 或 $2V_4 > V_2$ 或 $2V_4 > V_3$ 成立时，有相位交叉。

50 Hz 相敏轨道电路极性交叉检查电路如图 2-44 所示。要测试极性交叉最好还是利用相位表直接测量，该方法最为准确、方便。

⑨ 实际工作角。实际工作角可利用相位表直接测量。

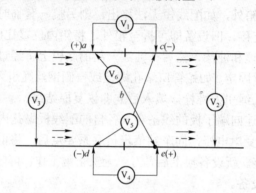

图 2-44 50 Hz 相敏轨道电路极性交叉检查电路

（5）轨道电路分路试验

轨道电路区段空闲，送、受电压正常时，用 0.06 Ω 电阻值的导线在区段内任何地点形成短路，轨道继电器应能可靠落下。

（6）轨道电路中各种绝缘部件的测试

轨道电路中有轨距杆绝缘，滑床板绝缘，道岔连接杆绝缘，电动转辙机大角钢绝缘，轨端绝缘，送、受电钢丝绳与箱、盒间的绝缘等绝缘件，用电表测试各种绝缘件时，可带电测试，也可不带电测试。

① 轨距杆绝缘的测试。轨距杆的带片绝缘管分设于两头，每爪内套一个。如果绝缘管套入爪孔内的位置不正确，或紧固螺帽与绝缘管片未加同直径的铁垫片，拧紧螺帽时会使管身破损，弹簧垫圈日久楔入管圈内与爪面相碰，都能使绝缘不起作用。带电测试时，先在杆上用尖口钳或锯弓开一个亮面，将万用表置于交流 10 V 挡，一棒接杆身，另一棒依次与两轨面相接触，万用表均不应有读数。如有读数，说明轨距杆与钢轨间的绝缘已破损。该种方法称为电压法。或者将万用表置于×10 电阻挡，一棒接杆身，另一棒接轨面，表针所指即为它们之间的绝缘值。如为 0 Ω，说明绝缘已失去作用。若阻值较小，可换×1 电阻挡测量，能测得很精确的绝缘值。但须注意不可用两棒去测量两轨面，或测量一组绝缘已破损的杆身与另一组绝缘良好的轨面，以防人工短路。该种方法称为电阻法。

② 滑床板绝缘、道岔连接杆绝缘的测试。它们的绝缘设在中间，上、下铁夹板与杆子间设有绝缘片，杆身与固定螺栓间均套绝缘管，夹板与螺栓相通，但与杆身相隔，杆子与各自的轨底相连。用电压表测试轨面与夹板包括所有螺栓间的绝缘电阻。

③ 电动转辙机大角钢绝缘的测试。可用电压法或电阻法进行，轨面与大角钢间不应有电压，电阻不应为零。两根大角钢共用八只耳铁螺栓固定，只要其中有一只与大角钢相碰，由于小角钢的连接，其他七只螺栓与大角钢间的绝缘无法测出，只能一只一只地卸掉，才能查出相碰的螺栓。

④ 轨端绝缘的测试。基本轨、夹板、螺栓间皆有绝缘，但由于轨条爬行或眼孔不对，往往螺栓弯曲，在中间与基本轨相碰。通过测量轨面与基本轨的三只螺栓间的夹板与六只螺栓间的绝缘来判断轨端绝缘是否良好。

⑤ 送、受电钢丝绳与箱、盒间的绝缘的测试。这些绝缘的组成较简单，直接观察也能看出其良好与否。

（7）提高轨道电路的电气特性

轨道电路的电气特性由它的开路、闭路电阻和分路灵敏度来表征。

轨道电路的开路电阻受道床石砟清洁程度，道床排水良好与否，道岔区段各部件是否有碰连，各连接杆、轨距杆、电动转辙机大角钢绝缘良好与否等因素影响。如情况均良好，开路电阻一定较大。道床太脏或排水不良，应请工务部门解决。道岔区段各部件发生碰连，亦应请工务部门配合解决。各种连接杆、轨距杆的绝缘破损，应请工务部门立即更换，角钢绝缘则由信号工区更换。轨端绝缘安装应符合标准，尤其是鱼尾板螺栓不允许与鱼尾板沟通。

轨道电路的闭路电阻受塞钉线铆接或焊接良好与否，送、受电钢丝绳是否接续良好等因素影响。如果区段内所有的塞钉线铆接紧固，不断不缺，送、受电钢丝绳不锈蚀且充分固定在箱、盒上，道岔区段的长跳线均铆接紧固，闭路电阻一定较小。

如果轨道电路能做到以上两点，其分路灵敏度也一定符合要求。

（8）配合工务部门更换钢轨

须配合工务部门更换的钢轨一般分为两类：一类是普通轨道电路区段内的钢轨；另一类是轨道区段终、始端带钢轨绝缘处的钢轨。更换第一类钢轨时，首先将轨端接续线的塞钉孔钻好（有旧孔时需用砂布打磨除锈，如若旧孔过大，塞钉打入时有可能造成接触不良，所以也要重新钻孔），然后用回流连接线跨过待换的钢轨沟通回流，最后打下钢轨接续线，拆旧轨换新轨。新轨换好后，打好接续线，最后撤下一纵回流线。更换第二类钢轨时，除按要求准备钢轨钻孔外，还需用回流线跨过绝缘节和被换钢轨连接好，保证回流畅通，然后才能拆绝缘及接续线。待新轨换好后，应装好绝缘，连接好轨端接续线，随后才能撤除回流线。

五、轨道电路有关的故障及处理

1. 轨道电路常点红灯

轨道电路常点红灯，其轨道继电器落下，应先判定是室内故障还是室外故障，可用轨道电路测试盘测量该轨道继电器线圈有无端电压。如无交流电压，一般为室外故障，但也可能为轨道继电器故障。应将轨道继电器拔下再测量交流电压，如仍没有电压，可肯定为室外故障，如电压在 10 V 以上，则为室内故障。室内故障可对症处理，包括：

① 轨道继电器断线；

② 轨道继电器烧毁或断线；

③ 轨道继电器未插紧，配线脱焊；

④ 轨道电路电源送电电压过低。

室外故障原因较多，判断和处理方法如下：

① 打开故障区段的送电端变压器箱，测量轨道变压器Ⅰ次侧线圈有无220 V交流电压。如无电压，检查断路器是否良好。如送电端子也无电压，则为电缆故障，更换电缆芯线即可解决。如轨道变压器Ⅰ次侧有220 V交流电压，就改测Ⅱ次侧有无电压。如无电压，可判定为变压器线圈断线或脱焊，或连接螺栓松动。查明原因后更换变压器或重新焊接即可克服。如Ⅱ次侧电压较低，则系限流电阻上压降过大，应调整使之适当。如Ⅱ次侧电压也正常，就改测送电钢丝绳端子上有无电压。如无电压，可能是限流电阻滑动簧片与电阻丝接触不良。如有电压，可判定送电变压器箱内无故障，在受电端或中间有断路情况。

② 如送电变压器正常，送电钢丝绳端子上没有电压，可从引出端子上拆下一个线头，此时如有较大火花，可初步判断道床开路电阻已为零。将万用表置于交流10 V挡，测量拆下线头后的钢丝绳两端子的电压。如正常说明送电良好，肯定是轨道电路有短路。如测得的电压很小，则说明该区段的开路电阻已不符合要求。

③ 判定轨道电路有短路故障，应作轨道电路开路测试，以迅速找到短路点。此时可在送电端拆除一个电源线，拆去所有受电端的某个线头（拆钢丝绳引入端子或受电变压器Ⅰ次侧端子上的线头均可），使轨道电路成为开路状态。将万用表置于×1电阻挡，从送电端或受电端测量轨道电路的开路电阻，这种情况下开路电阻一般已小于1 Ω。然后迅速检查区段内所有绝缘件。如果送、受电钢丝绳没有短接，道床状况没有明显不良，一般可查出绝缘件严重破损处，以轨距杆绝缘破损为常见。查出绝缘破损后，会同工务部门一起处理。然后再复查开路电阻，一直到开路电阻达到1 Ω。拆电源线头时发现火花后，也可以不使轨道电路开路就对轨道绝缘件进行测试，查明后予以更换，只是准确性较差。

④ 如果送电端轨面有正常电压，说明送电端正常，轨道电路无短路故障。此时应逐段测量轨面电压直至受电端，如某段轨面电压突然下降过多，则为此段钢轨电阻过大所致，敲紧或更换塞钉线即可解决。

⑤ 如在受电变压器Ⅰ次侧端子上测得正常电压，Ⅱ次侧无电压，则说明该变压器损坏，或是防雷装置被击穿造成变压器线圈短接。更换变压器或防雷装置即可解决。

⑥ 如果受电端轨面有交流电压，并已送至电缆接线端子，而室内分线柜上测不到电压，可判定为电缆芯线断线，更换电缆芯线即可解决。

⑦ 变压器箱或电缆盒严重渗水，造成端子间短路，使送电端或受电端短路。更换端子并根除渗水即可解决。

2. 轨道电路间歇性点红灯

当轨道电路间歇性点红灯时，如果轨道继电器安插牢固，在红灯熄灭时交流输入电压偏低，一般为室外故障。如系方向性间断，如进段列车驶过后红灯不熄灭，随后出段列车驶过后红灯不熄灭，可判定有方向性松动处。如果为无规律间断，可判定为道床电阻不符合要求，或轨道电路电源电压不稳定，或轨道电路送、受电压调整不当，或轨端绝缘、轨距杆绝缘破损所致。出现轨道电路间歇性点红灯的故障原因及处理方法如下：

① 轨道继电器未插紧，应重新插紧。

② 轨道电路送、受电芯线与相邻区段的芯线发生混线，必须更换电缆芯线。

③ 轨道电路电气特性调整不良，轨面电压处于临界点，勉强保持轨道继电器吸起，随着电源电压波动或区段开路电阻的变化，轨道继电器间断落下。此时必须调整轨道电路电气特性予以解决。

④ 轨道电路绝缘件破损且松动，破损处与基本轨接触时，轨面电压下降，轨道继电器失磁，一有震动，破损处与基本轨不接触时，轨面电压又恢复正常，轨道继电器励磁。这时应查找破损的绝缘件，并将其更换为合格的绝缘件。

⑤ 箱盒上钢丝绳端子松动，轨道继电器间断落下。重新紧固连接螺栓即可排除。

3. 轨道电路闪烁性点红灯

应首先通过轨道电路测试盘确认是室内故障还是室外故障。出现室内故障的原因是轨道继电器插入松动，出现室外故障的原因是送、受电设备接触不良，时松时紧。

4. 钢轨绝缘故障

站内轨道电路是按极性交叉原理布置的，在两相邻区段，一组钢轨绝缘破损不会出现红光带，两组钢轨绝缘同时破损或道岔区段的一组道岔绝缘破损时均会使轨道电路出现红光带。钢轨绝缘破损使轨道电路出现红光带的原因及处理方法如下：

① 因轨条爬行或鱼尾板与轨端眼孔不对等原因使钢轨绝缘破损，鱼尾板固定螺栓与两侧钢轨相接触，鱼尾板绝缘又同时破损。将万用表置于×10电阻挡，测量螺栓与钢轨、鱼尾板间的绝缘，如同时降至零，即可发现。此时须请工务部门配合，拉正爬行钢轨，增加防爬设备，防止鱼尾板固定螺栓中部弯曲，并在带片绝缘与螺栓之间加相同直径的铁垫片，然后加弹簧垫圈，拧紧螺帽。

② 钢轨绝缘鱼尾板两侧道钉固定方向错误，道钉伸出口与鱼尾板相碰，通过轨底垫板使绝缘两侧钢轨有电气连接，本组绝缘即失去作用。此时应撬出道钉，将其伸出口改向外侧。

③ 两轨端接缝处道床捣固不良，列车通过时使两轨端错牙，日久磨穿绝缘，或者因轨条爬行使轨缝消失，日久挤压绝缘使之挤穿而导致绝缘失去间隔作用。此时应在两轨接缝处底部加设一段小枕木，减少两轨端错牙，或请工务部门协助增设防爬器。

④ 轨端表面出现肥边，使轨端绝缘上部短接，而使绝缘失去隔离作用。应请工务部门凿去肥边，并更换以良好的轨端绝缘。

⑤ 轨条爬行或前后轨缝消失，更换后的新轨端绝缘用不了多久就会被挤坏，尤其是夏季更甚。应请工务部门加强防爬，轨缝消失并无法拉轨时，只好锯轨或更换短轨。

⑥ 鱼尾板内积存过多油垢、铁屑也会使该组绝缘失去作用，铲尽油垢、铁屑即能解决。

5. 轨距杆故障

轨距杆本身的绝缘件破损或其安装位置的移动都会造成轨道电路故障，故障原因及处理方法如下：

① 轨距杆带片绝缘管套未完全进入铁爪孔内，紧固螺帽将绝缘管套挤裂、挤碎，而使之失去作用。此时应该请工务部门按要求安装轨距杆。

② 轨距杆带片绝缘管套与固定螺帽间未加同样直径的铁垫片，直接加弹簧垫圈后拧紧螺帽，日久弹簧垫圈楔入绝缘片内使绝缘不起作用。此时应请工务部门按要求安装轨

距杆。

③ 道岔区段的轨距杆顶端与另一轨距杆杆身或铁爪相碰，造成两区段或本区段轨道电路短路，此时应拧紧轨距杆使其不能移动。

④ 轨距杆绝缘件埋入石砟、炉渣或油垢污泥内，长期积水使其绝缘性能变坏。应请工务部门清理道床，不使轨距杆埋入道床内。

⑤ 轨距杆两固定铁爪松动，窜至鱼尾板中部将两轨端短路使轨端绝缘失去隔离作用，此时应拧紧轨距杆，使其不能移动。

⑥ 尖轨前的轨距杆窜动，其两铁爪与电动转辙机大角钢相碰而将轨距杆连通，此时应拧紧轨距杆，使其不能移动。

6. 送、受电钢丝绳故障

送、受电钢丝绳故障将影响轨道电路的正常工作，其故障原因及处理方法如下：

① 钢丝绳与塞钉之间脱焊使轨道电路中断，如存在虚焊则出现间断性点红光带。此时应更换钢丝绳，将焊口朝下并涂一层牛油。

② 钢丝绳年久失修，雨露、脏物沾污腐蚀，一折便断，使轨道电路中断。应更换不良的钢丝绳，并加强防腐处理。

③ 钢丝绳固定卡钉得过紧损伤钢丝绳，或涂塑钢丝绳钉得过紧使表皮破裂，日久蚀断。此时应注意更换以良好的钢丝绳并按技术要求钉紧。

④ 钢丝绳塞钉与变压器箱连线松动而使送、受电中断，固定钢丝绳塞钉即可。

7. 轨道电路电气特性不良

轨道电路电气特性不良将影响轨道电路的正常使用，故障原因及处理方法如下：

① 送电端断路器接触不良，使轨道电路电源中断。此时应使断路器与配线接触良好，并根治变压器箱渗水。

② 送电端轨道变压器线圈引线脱焊，应重新焊接。

③ 限流电阻滑动簧片与电阻丝接触不良，应调整滑动簧片使其有一定压力，擦亮电阻丝接触面，使滑动簧片与电阻接触良好。

④ 中继变压器特性变化、线圈断线，需更换变压器。

⑤ 轨道区段开路电阻过低，应检查区段内所有绝缘杆件的绝缘情况，查出绝缘不良处更换绝缘。

⑥ 轨道电路送电端Ⅱ次侧电压过低，受电端收到的交流电压在 0.5 V 以下，轨道继电器端电压处于临界值。

8. 牵引供电引起的轨道电路的故障及处理

牵引供电引起的轨道电路故障还有由牵引电流回流不畅、接触网短路等引起的故障及由列车升弓电流引起的故障。

（1）由牵引电流回流不畅引起的故障

造成牵引电流回流不畅的原因是多方面的，除供电系统外，从轨道电路方面看包括：轨端接续线和负供电线（吸上线和电缆）没有可靠连接，横向连接线连接不良和不完整，这些都是造成牵引电流回流不畅的主要原因。

发生牵引电流回流不畅，对信号设备，尤其是对轨道电路设备能否正常工作的影响是极其严重的。因为牵引电流一旦出现回流不畅，几百安的强电流迂回到哪里都会烧坏设备，严重时可烧毁相邻设备，造成较大范围的设备故障。这是最严重也是最应重点防范的电气化干扰故障。牵引电流回流不畅，轻者可以使断路器脱离扣，重者能使整个箱盒、整条电缆、成片设备全部烧坏，可以说对设备安全使用的威胁是很大的。但它又属结合部位的问题，也就是说造成的原因不是信号设备单方面的。所以要加强日常检查巡视，发现问题及时反映、协调，对供电等部门设备的问题要及时联系解决，以防止造成较大的故障。就信号设备自身维修方面，应采取以下措施：

① 保证轨端接续线及线间和钢轨间接触线的完整和牢固，以及引接线和负供电线的可靠连接。

② 在双线区间轨道电路加设线间横向连接线，并保证其完整和牢固。

（2）由接触网短路等引起的故障

电气化区段中若出现接触网短路的状况，则数千安的牵引电流经钢轨流回至牵引变电所，造成电流急剧增加（达数百安），极易烧毁信号设备（在变电所跳闸以前），主要表现为：烧毁接收设备（滤波器、轨道变压器）、烧毁轨道电路受电端断路器或受电端保护硒堆。实际上以上情况极少出现，较多出现的是牵引电网的瞬间闪络，这种瞬间闪络由于持续时间极短（变电所并不跳闸），其瞬间电流脉冲经接触网支柱的火花间隙导通后入单侧轨，使单侧轨中产生一个瞬间的极大不平衡电流，从而使设备接触网支柱的火花间隙损坏（短路）或接地线错误连接而导致稳态较大的不平衡电流出现，造成上述后果。

吸流变压器支柱有两组地线，其中护栏地线直接入地，水泥支柱地线经火花间隙接向单侧轨。这两组地线不应相混（相互接触），更不能将两根地线合二为一后接入单侧轨。

另外，由于列车撒砂造成牵引回流不畅，撒砂又不可能均匀、对称，也会产生瞬态的大电流（一般为百安量级左右），它也会引起故障。但由于电动列车的黏着性能好，此种情况仅是偶然事件。

（3）由列车升弓电流引起的故障

列车升弓电流就是即将启动时的瞬间牵引电流，这一电流值一般是很高的，它的瞬间冲击对相敏轨道电路继电器正常工作的影响也是较大的。比如某股道停靠列车，列车升弓即将启动，其瞬间电流的影响就可使相邻或不相邻区段的轨道继电器瞬间误动（还有可能使其区段轨道继电器的前接点颤动），这就造成了某区段闪红光带，使开放的信号关闭。为了避免这个影响，现采用加装复示继电器的方法来防止误动，只把复示继电器接点用于联锁电路中。

第三节　信　号　电　缆

一、信号电缆类型选择

车辆段所用信号电缆的导电芯线应采用标称直径为 1.0 mm 的软铜线，其允许工作电压不得低于交流电压 500 V 或直流电压 1 000 V。

集中联锁设备的信号电缆，应采用综合护套信号电缆、铝护套信号电缆。

有特殊要求的设备，如计轴器、应答器等，应采用专用数字信号电缆。

二、信号电缆的分类

信号电缆按芯线扭绞方式分为普通型信号电缆和综合扭绞型信号电缆两种；按护套类型分为塑料护套信号电缆、综合护套信号电缆和铝护套信号电缆三种，其中每种又分为带铠装和不带铠装两类；按绝缘分为聚氯乙烯绝缘信号电缆和聚乙烯绝缘信号电缆两种。

普通型信号电缆成缆时，用成缆机将芯线分层顺一个方向扭绞，仅为层绞。普通型信号电缆仅用于非音频制设备，现已较少使用。

综合扭绞型信号电缆是通过把芯线分成若干四芯星绞组、二芯对绞组，再分层按一定要求扭绞制成的。综合扭绞减少了芯线间电磁场干扰，工作电容小，电容耦合系数小，优化了电气参数，有利于信号传输。

综合护套由聚乙烯薄膜和铝箔黏接制成，为半密闭型护套，综合护套信号电缆内以不小于 0.21 mm 厚的铝带缠绕，理想屏蔽系数不大于 0.8。带铠装的用于室外可直埋，不带铠装的用于室外需有电缆槽、管的有效防护。

铝护套为密闭型护套，铝护套的厚度为 1.3 mm，理想屏蔽系数不大于 0.3。铝护套信号电缆在强度和防干扰性能等方面均优于综合护套信号电缆。无论是否带铠装，铝护套信号电缆均可用于室外直埋。

规定新设计信号工程时，室外信号电缆一律使用铝护套信号电缆和综合护套信号电缆。聚氯乙烯透湿率高于聚乙烯，用于室外时，聚乙烯护套优于聚氯乙烯护套。

信号电缆的型号由汉语拼音字母和阿拉伯数字组成。信号电缆相关代号及其含义如表 2-5 所示，信号电缆型号及其含义举例如表 2-6 所示。

表 2-5　信号电缆相关代号及其含义

序号	代号	含　义	序号	代号	含　义
1	P	信号电缆	5	A	综合护套
2	T	铁路	6	L	铝护套
3	Y	聚乙烯绝缘（护套）	7	22	钢带铠装聚氯乙烯外护套
4	V	聚氯乙烯护套	8	23	钢带铠装聚乙烯外护套

表 2-6　信号电缆型号及其含义举例

护套类型	信号电缆型号	含　义
塑料护套	PTY03	聚乙烯绝缘聚乙烯外护套
	PTY23	聚乙烯绝缘钢带铠装聚乙烯外护套
综合护套	PTYA22	聚乙烯绝缘综合护套钢带铠装聚氯乙烯外护套
	PTYA23	聚乙烯绝缘综合护套钢带铠装聚乙烯外护套
铝护套	PTYL22	聚乙烯绝缘铝护套钢带铠装聚氯乙烯外护套
	PTYL23	聚乙烯绝缘铝护套钢带铠装聚乙烯外护套

信号电缆规格按电缆芯数分为 4、6、8、9、12、14、16、19、21、24、28、30、33、37、42、44、48、52、56、61 芯电缆。综合扭绞型信号电缆 A 端线序如图 2-45 所示。

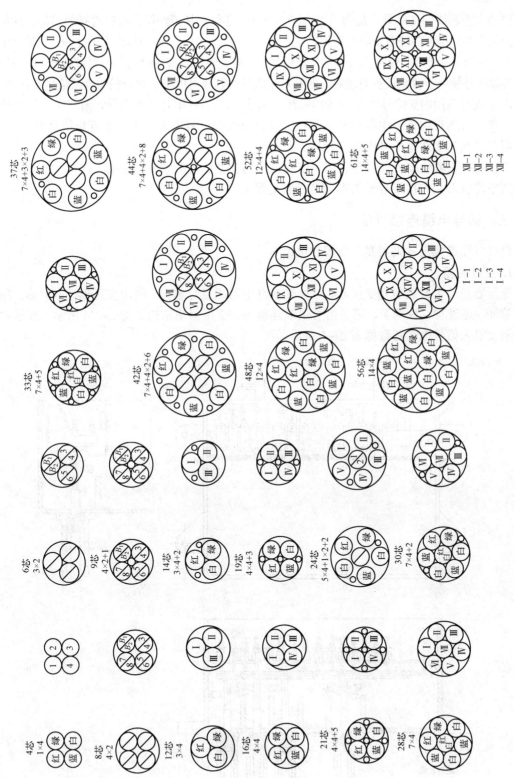

图 2-45　综合扭绞型信号电缆 A 端线序

信号电缆芯线的备用量，是为了当电缆本身部分芯线损坏或绝缘不良时替换使用的。对使用于音频设备的电缆芯线要求成对备用，使之能成对替换。为了保证信号电缆的使用，在设计中应满足音频设备的要求，原则上应备用星绞组线对，如无星绞组线对时再备用对绞线组。不宜用普通芯线代替使用于音频设备的线对。但是对绞或星绞芯线可以用于非音频的普通信号设备中。

由于成对备用时，信号电缆的备用芯线普遍大于单芯备用时的备用量，因此在设计中应综合考虑，合理选用信号电缆和备用芯线。综合扭绞型信号电缆如用于非音频信号设备时，其备用芯线数与普通型信号电缆的相同。

当需要串接其他室外信号设备时，连接设备的类型可能要改变，主要考虑电缆盒、变压器箱的电缆引入孔和接线端子的容量是否满足要求。

三、信号电缆连接设备

信号电缆连接设备采用变压器箱和电缆盒。

1. 变压器箱

变压器箱除了安装信号变压器、灯丝转换继电器或点灯单元、轨道变压器、电阻器、断路器等外，还设有二柱端子，可供信号电缆连接用。变压器箱结构如图 2-46 所示，变压器箱类型及引入信号电缆芯数如表 2-7 所示。

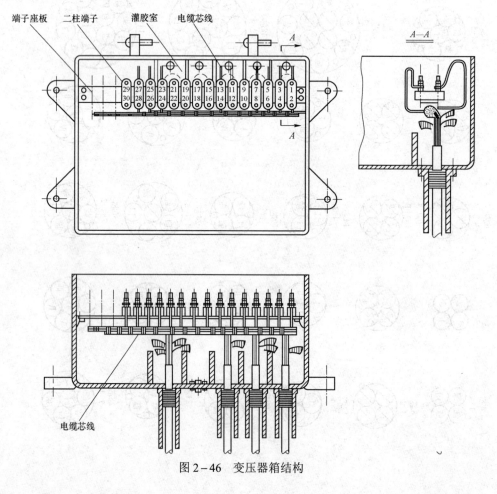

图 2-46 变压器箱结构

表 2-7　变压器箱类型及引入信号电缆芯数表

型号	最多可容纳数		电缆引入孔		安装尺寸/mm	重量/kg
	二柱端子	电缆保护管	孔径/mm	允许电缆 PYV22/芯		
XB$_1$	14	4	22×4	16×5	4 孔 ϕ14　240×250	62
XB$_2$	18	5	25×5	24×5	4 孔 ϕ14　240×610	82

2. 电缆盒

电缆盒分为终端电缆盒和分向电缆盒。电缆盒内有六柱端子。终端电缆盒用于信号电缆连接信号机、转辙机、轨道电路等终端设备，按端子数有 HZ12 型、HZ24 型，它们的结构如图 2-47 所示。分向电缆盒用来连接不同方向的电缆网络，按连接方向数有 HF-4 型、HF-7 型，它们的结构如图 2-48 所示。电缆盒相关参数如表 2-8 所示。

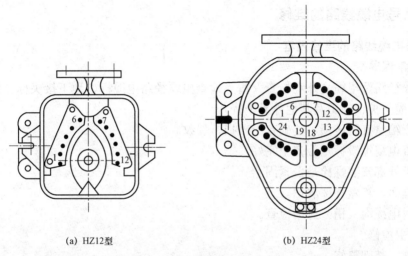

(a) HZ12型　　　　　　　　　　(b) HZ24型

图 2-47　终端电缆盒的结构

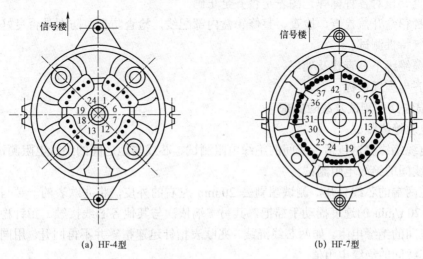

(a) HF-4型　　　　　　　　　　(b) HF-7型

图 2-48　分向电缆盒的结构

表 2-8　电缆盒相关参数

型号		电缆引入孔				电线引入管			端子/个	备注
		个数	孔径/mm	引入电缆/芯		个数	孔径/mm	引入电线/根		
				PVV2	PYV22					
终端电缆盒	HZ12	1	28	27	30	1	25	8	12	重 10 kg
	HZ24	2	24 28	19 27	21 30	1	30	12	24	重 20.5 kg
分向电缆盒	HF-4	5	24×3 28×2	19×3 27×2	21×3 30×2	—	—	—	24	附塞孔板 2 个
	HF-7	8	22×4 28×3 32	12×4 30×3 48	16×4 30×3 48	—	—	—	42	附塞孔板 4 个

四、信号电缆线路的维修

1. 信号电缆线路的维修内容

（1）日常保养

① 电缆径路及电缆盒外观检查（重点检查电缆径路电缆标、地下接头标、警示牌、过桥、过涵电缆防护、施工及其他外界干扰）。

② 检查箱盒有无破损，基础有无破损、裂纹。

③ 检查电缆埋设标是否齐全完好。

④ 检查外部安装螺栓是否紧固。

⑤ 基础面、箱盒外部清扫。

⑥ 室内电缆沟（槽）封堵检查。

（2）集中检修

① 箱盒、基础整修。

② 检查、核对各种标牌、图表是否齐全正确。

③ 各种箱盒开盖检查，检查、整修箱盒内部配线，检查防尘、防潮是否良好。

④ 电气特性测试。

⑤ 电缆绝缘不良查找及处理。

⑥ 补齐电缆埋设标。

2. 电缆线路的测试及故障处理

（1）电缆绝缘测试

信号电缆绝缘测试包括芯线间的绝缘电阻测试、芯线与地之间的绝缘电阻测试。

① 芯线间的绝缘电阻测试。

将电缆两端的芯线分开，测试端剥去 20 mm 左右的外皮，将兆欧表的一端与一根芯线连接，以 120 r/min 的速度摇动手摇把，其另一端依次与其他各芯线接触。指针稳定后，可读出两芯线间的绝缘电阻。如两芯线混线，兆欧表指针迅速指零并不再回升。用同样的方法可测出各芯线间的绝缘电阻值。

还可将兆欧表一端与一根芯线连接，其他各芯线并联后与兆欧表另一端连接，只需摇动一次即可测出该芯线与其他各芯线间的绝缘电阻。测出第一根芯线的绝缘电阻后，从并联芯线中抽出第二根芯线，用同样的方法测出它与其他各芯线间的绝缘电阻。如测到某芯线与其他芯线间的绝缘电阻为零或低于标准时，再分开并联芯线逐一接触，查明与其中绝缘不良的芯线。

② 芯线与地之间的绝缘电阻测试。

测试尚未入地的芯线与地之间的绝缘电阻时，兆欧表接地端与电缆的钢带铠装连接，摇动手摇把，兆欧表线路端分别与每一芯线接触，即可测出芯线与地之间的绝缘电阻。也可将全部芯线并联起来测试对地绝缘，发现绝缘不良时，再逐一测试以查明对地绝缘不良的芯线。

电缆须敷设后才测试芯线与地之间的绝缘电阻，此时兆欧表接地端可与设备接地线连接或直接与地作良好接触。

（2）电缆芯线电阻测试

将电缆一端芯线剥去外皮后拧成一体，另一端所有芯线分开，万用表置于×1电阻挡，一表棒与第一根芯线连接，另一表棒与任一芯线连接，可测出两芯线的串联电阻值，取半值即为第一根芯线的电阻值。此后，表棒逐一与其他芯线接触，检查所有芯线的导通情况。直径为1 mm的铜芯线在20 ℃时的电阻值应每公里不大于23.5 Ω。

（3）电缆故障查找处理

信号电缆故障有芯线接地、芯线混线、芯线断线等。

① 电缆芯线接地故障的判断。

将故障电缆两端的所有芯线分开，用直流电压表与电池组串联，电压表负极逐一与电缆芯线相接，对尚未敷设的钢带铠装电缆，电池组负极与钢带连接，如已入地则可直接与大地连接。故障电缆如为无钢带铠装电缆，芯线接地故障只会在入地后出现。如电压表指针偏转，说明该芯线接地。

也可将兆欧表一端与钢带或大地连接，摇动兆欧表手摇把，另一端逐一与电缆芯线相接。当兆欧表指示零时，说明该芯线接地。如指示低阻值，说明该芯线对地绝缘不良。

② 电缆芯线混线故障的判断。

将故障电缆两端的所有芯线分开，直流电压表正极与电池组正极连接，电池组负极与任一芯线连接，直流电压表负极依次与其他芯线相接。如接触过所有芯线而电压表指针未偏转，说明该芯线与其他芯线间没有混线。如接触到某芯线时，电压表指针偏转，说明该两芯线间存在混线。

或将万用表置于电阻挡，一表棒与任一芯线连接，另一表棒依次与其他芯线连接。如万用表指针指示较低电阻（几欧或几十欧），说明该两芯线间混线。

亦可用兆欧表的一线与任一芯线连接，另一线依次与其他芯线相接，摇动手摇把查明相混的芯线。

③ 电缆芯线断线故障的判断。

将故障电缆的一端芯线并联后与大地连接，另一端芯线分开，直流电压表正极与电池组正极连接，电池组负极与大地连接，然后用直流电压表负极逐一与电缆芯线相接。若直流电压表指针未偏转，说明该芯线断线。

也可将直流电压表负极依次与其他芯线相接，如直流电压表指针偏转，说明两芯线导通良好；如未偏转，说明该芯线有断线。

将直流电压表及电池组改为万用表，置于电阻挡，亦可判断出断线故障。将万用表一表棒与任一芯线连接，另一表棒与其他芯线连接，如指针指示较高电阻（几百或几千欧），说明该芯线断线。

用兆欧表代替万用表也能判断出断线芯线。

复习思考题

1. 简述 ZD6 系列电动转辙机的结构。
2. ZD6-D 型电动转辙机有哪些主要部件？各起什么作用？
3. 简述 ZD6 系列电动转辙机的主要维修事项。
4. ZD6 系列电动转辙机的常见故障有哪些？如何处理？
5. 简述 50 Hz 相敏轨道电路的组成和工作原理。
6. 50 Hz 相敏轨道电路有哪些特性？为什么会有这些特性？
7. 50 Hz 相敏轨道电路有哪些主要部件？各起什么作用？
8. 什么是一送多受轨道电路？
9. 什么是极性交叉？它有什么作用？
10. 50 Hz 微电子相敏轨道电路与 50 Hz 相敏轨道电路有什么不同？
11. 简述轨道电路的基本工作状态和基本参数。
12. 简述轨道电路的主要维修事项。
13. 轨道电路常见故障有哪些？如何处理？
14. 电缆类型如何选择？电缆连接设备如何选择？
15. 电缆线路的主要维修事项有哪些？

第三章

联 锁 系 统

车辆段单独设置一套计算机联锁系统，实现车辆段的进路控制，完成与正线接轨站、试车线的结合，并将车辆段的有关信息通过 ATS 系统传至控制中心。

第一节 联 锁 表

联锁表是根据信号平面布置图所展示的线路、道岔、信号机、轨道区段等情况，按规定的原则和格式编制而成的。对于计算机联锁系统来说，联锁表非常重要。联锁表是编制计算机联锁程序的唯一依据，也是进行联锁试验的依据。因此联锁表的编制必须准确，设计时要认真、细致，不能疏漏，不能出错。

一、联锁表

联锁表以进路为主体，应在表中逐条地把排列进路需顺序按压的按钮、防护该进路的信号机名称和显示、进路要求检查并锁闭的道岔编号和位置、进路应检查的轨道电路区段名称，以及与所排进路敌对的信号填写清楚。

联锁表各栏及填写方法如下：

（1）方向栏

填写进路性质（列车进路或调车进路）和运行方向。

（2）进路号码栏

按全段列车进路和调车进路顺序编号。如为贯通式车辆段，亦可按咽喉区分别编号。

（3）进路栏

逐条列出列车及调车的基本进路。

① 列车进路：如将列车接至某转换轨，记作"至 ZHG$_x$"。如将列车接至某进库信号机，记作"至 JK$_x$"。

② 调车进路：如由 D$_{xx}$信号机调车，记作"由 D$_{xx}$"。如调车至另一顺向调车信号机，记作"至 D$_{xx}$"。向尽头线等处调车时填写由各该线向集中区调车的调车信号机名称，记作"向 D$_{xx}$"。

（4）排列进路按下按钮栏

填写排列该进路时需按下的按钮名称。

（5）信号机栏

填写排列该进路时开放的信号机名称及其显示。色灯信号机按显示颜色表示。

（6）道岔栏

顺序填写进路中所包括的全部道岔及防护和带动道岔的编号和位置。其填写方式举例如下：5/6，表示将 5/6 号道岔锁在定位；（5/6），表示将 5/6 号道岔锁在反位；[7/8]，表示将 7/8 号道岔防护在定位；[(7/8)]，表示将 7/8 号道岔防护在反位；{13/14}，表示将 13/14 号道岔带动到定位；{(13/14)}，表示将 13/14 号道岔带动到反位。

（7）敌对信号栏

填写排列该进路的全部敌对信号。例如，填写"D_1"，表示 D_1 信号机为所排进路的敌对信号。有条件敌对时其填写方式举例如下：填写 $<7/8>D_{12}$，表示经 7/8 号道岔定位的 D_{12} 信号机为所排进路的敌对信号；填写 $<(5/6)>D_{13}$，表示经 5/6 号道岔反位的 D_{13} 信号机为所排进路的敌对信号。

（8）轨道区段栏

顺序填写排列进路时须检查空闲的轨道电路区段名称。其填写方式举例如下：填写 1-2DG，表示排列进路时，须检查 1-2 区段的空闲；填写 $<16>$16DG，表示当 16 号道岔在定位时，排列进路时须检查侵限绝缘区段 16DG 的空闲；填写 $<(18)>$18DG，表示当 18 号道岔在反位时，排列进路时须检查侵限绝缘区段 18DG 的空闲。

（9）迎面进路栏

对于贯通式车辆段，须填写同一运用线上对向列车、调车进路的敌对关系，以线路区段名称表示。

（10）其他联锁栏

① 保护区段：对于按调车进路进库的情况，接车进路须设保护区段。

② 非进路调车：与试车线的联系按非进路调车方式，表示所排进路与非进路调车为敌对。

保护区段表、非进路调车联锁表应单独列出。

附图 1（见书末插页）所示车辆段的联锁表如表 3-1 所示。

表 3-1 联锁表

| 方向 | | 进路号码 | 进路 | 排列进路按下按钮 | 信号机 | | 道岔 | 敌对信号 | 轨道区段 | 其他联锁 |
					名称	显示				
列车进路	A站方向 接车	1	至 ZHG_1	JD_1LA、D_9LZA	JD_1	L		$<(7/8)>D_{12}$、$<5/6>D_{13}$	ZHG_1	保护区段
		2	至 ZHG_2	JD_2LA、$D_{10}LZA$	JD_2	L		D_{15}	ZHG_2	保护区段
		3	至 ZHG_3	JD_3LA、$D_{11}LZA$	JD_3	L		D_{15}	ZHG_3	保护区段
调车进路	由 D_1	4	至 D_8	D_1A、D_7A	D_1	B	1、(2)、(3)、(4)	D_5、D_7	1-2DG、3-4DG	
	由 D_2	5	至 D_8	D_2A、D_7A	D_2	B	2、(3)、(4)	D_5、D_7	1-2DG、3-4DG	

续表

方向			进路号码	进路	排列进路按下按钮	信号机		道岔	敌对信号	轨道区段	其他联锁
						名称	显示				
调车进路	由	D_3	6	至D_8	D_3A、D_7A	D_3	B	3、(4)	D_7	3－4DG、1－2DG	
		D_4	7	至D_8	D_4A、D_7A	D_4	B	(1)、(2)、(3)、(4)	D_5、D_7	1－2DG、3－4DG	
		D_5	8	向D_4	D_5A、D_4A	D_5	B	(2)、(1)	D_4	1－2DG	
			9	向D_1	D_5A、D_1A	D_5	B	(2)、1	D_1	1－2DG	
			10	向D_2	D_5A、D_2A	D_5	B	2	D_2	1－2DG	
		D_6	11	至D_8	D_6A、D_7A	D_6	B	4	D_7	3－4DG	
		D_7	12	至D_5	D_7A、D_5A	D_7	B	(4)、(3)	D_4、D_1、D_2	3－4DG	
			13	向D_3	D_7A、D_3A	D_7	B	(4)、3	D_3	3－4DG、1－2DG	
			14	向D_6	D_7A、D_6A	D_7	B	4	D_6	3－4DG	
		D_8	15	至D_{21}	D_8A、D_{12}A	D_8	B	5/6、7/8	D_{12}、<13/14>D_{22}	5－8DG	
			16	至D_{14}	D_8A、D_{13}A	D_8	B	(5/6)、[7/8]	D_{13}	5－8DG、6－7DG	
		D_9	17	至D_{21}	D_9A、D_{12}A	D_9	B	(7/8)、[5/6]	D_{12}、<13/14>D_{22}	6－7DG、5－8DG	
			18	至D_{14}	D_9A、D_{13}A	D_9	B	7/8、5/6	D_{13}	6－7DG	
		D_{10}	19	至D_{16}	D_{10}A、D_{15}A	D_{10}	B	39	D_{15}	39DG	
		D_{11}	20	至D_{16}	D_{11}A、D_{15}A	D_{11}	B	(39)	D_{15}	39DG	
		D_{12}	21	至D_7	D_{12}A、D_8A	D_{12}	B	7/8、5/6	D_8	5－8DG	
			22	至ZHG$_1$	D_{12}A、D_9A	D_{12}	B	(7/8)、[5/6]	JD$_1$、D_9	5－8DG、6－7DG、ZHG$_1$	与正线联系
		D_{13}	23	至D_7	D_{13}A、D_8A	D_{13}	B	(5/6)、[7/8]	D_8	6－7DG、5－8DG	
			24	至ZHG$_1$	D_{13}A、D_9A	D_{13}	B	5/6、7/8	JD$_1$、D_9	6－7DG、ZHG$_1$	与正线联系
		D_{14}	25	至D_{18}	D_{14}A、D_{17}A	D_{14}	B	9/10、11/12	D_{17}	9－12DG	
			26	至D_{20}	D_{14}A、D_{19}A	D_{14}	B	(9/10)、[11/12]	D_{19}	9－12DG、10－11DG	
		D_{15}	27	至ZHG$_2$	D_{15}A、D_{10}A	D_{15}	B	39	JD$_2$、D_{10}	39DG、ZHG$_2$	与正线联系
			28	至ZHG$_3$	D_{15}A、D_{11}A	D_{15}	B	(39)	JD$_3$、D_{11}	39DG、ZHG$_3$	与正线联系
		D_{16}	29	至D_{18}	D_{16}A、D_{17}A	D_{16}	B	(11/12)、[9/10]	D_{17}	10－11DG、9－12DG	
			30	至D_{20}	D_{16}A、D_{19}A	D_{16}	B	9/10、11/12	D_{19}	10－11DG	

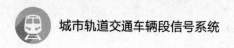

续表

方向			进路号码	进路	排列进路按下按钮	信号机		道岔	敌对信号	轨道区段	其他联锁
						名称	显示				
调车进路	由	D_{17}	31	至D_{13}	D_{17}A、D_{14}A	D_{17}	B	9/10、11/12	D_{14}	9-12DG	
			32	至D_{15}	D_{17}A、D_{16}A	D_{17}	B	(11/12)、[9/10]	D_{16}	9-12DG、10-11DG	
		D_{18}	33	向D_{22}	D_{18}A、D_{22}A	D_{18}	B	(13/14)	D_{22}	13-15DG、14DG	
			34	向D_{25}	D_{18}A、D_{25}A	D_{18}	B	13/14、(15)、(16)、(17)、(18)	D_{25}	13-15DG、16DG、17DG、18DG	
			35	至D_{23}	D_{18}A、D_{23}A	D_{18}	B	13/14、(15)、(16)、(17)、18	D_{26}、D_{27}	13-15DG、16DG、17DG、18DG	
			36	至D_{24}	D_{18}A、D_{24}A	D_{18}	B	13/14、(15)、(16)、17	D_{28}、D_{29}	13-15DG、16DG、17DG、18DG	
			37	向D_{30}	D_{18}A、D_{30}A	D_{18}	B	13/14、(15)、16	D_{30}	13-15DG、16DG、17DG	
			38	至D_{31}	D_{18}A、D_{31}A	D_{18}	B	13/14、15	D_1A、D_2A、D_3A、D_4A、D_5A	13-15DG、16DG	
		D_{19}	39	至D_{13}	D_{19}A、D_{14}A	D_{19}	B	(9/10)、[11/12]	D_{14}	10-11DG、9-12DG	
			40	至D_{15}	D_{19}A、D_{16}A	D_{19}	B	9/10、11/12	D_{16}	10-11DG	
		D_{20}	41	至6AG	D_{20}A、D_6AA	D_{20}	B	25、30、33、35、37	D_6A、D_6B	25-26DG、30-33DG、31DG、34DG、35-37DG、36DG、6AG	
			42	至7AG	D_{20}A、D_7AA	D_{20}	B	25、30、33、35、(37)	D_7A、D_7B	25-26DG、30-33DG、31DG、34DG、35-37DG、36DG、7AG	
			43	至D_{34}	D_{20}A、D_{34}A	D_{20}	B	25、30、33、(35)	D_8A、D_9A	25-26DG、30-33DG、31DG、34DG、35-37DG	
			44	至D_{33}	D_{20}A、D_{33}A	D_{20}	B	25、30、(33)	D_{10}A、D_{11}A	25-26DG、30-33DG、31DG	

方向			进路号码	进路	排列进路按下按钮	信号机		道岔	敌对信号	轨道区段	其他联锁
						名称	显示				
调车进路	由	D_{20}	45	至12AG	$D_{20}A$、$D_{12}AA$	D_{20}	B	25、(30)、31	$D_{12}A$、$D_{12}B$	25－26DG、30－33DG、31DG、32DG、12AG	
			46	至D_{35}	$D_{20}A$、$D_{35}A$	D_{20}	B	25、(30)、(31)	$D_{13}A$、$D_{14}A$	25－26DG、30－33DG、31DG	
			47	至D_{36}	$D_{20}A$、$D_{36}A$	D_{20}	B	(25)、26	$D_{15}A$、$D_{16}A$	25－26DG、30－33DG	
			48	至D_{37}	$D_{20}A$、$D_{37}A$	D_{20}	B	(25)、(26)	D_{38}、D_{39}、D_{40}	25－26DG	
		D_{21}	49	向D_{22}	$D_{21}A$、$D_{22}A$	D_{21}	B	13/14	D_{22}	14DG	
		D_{22}	50	至D_{12}	$D_{22}A$、$D_{21}A$	D_{22}	B	13/14	$<5/6>D_8$、$<(7/8)>D_9$、D_{21}	14DG	
			51	至D_{17}	$D_{22}A$、$D_{18}A$	D_{22}	B	(13/14)	D_{18}	14DG、13－15DG	
		D_{23}	52	向D_{26}	$D_{23}A$、$D_{26}A$	D_{23}	B	(19)	D_{26}	19DG	
			53	向D_{27}	$D_{23}A$、$D_{27}A$	D_{23}	B	19	D_{27}	19DG	
		D_{24}	54	向D_{28}	$D_{24}A$、$D_{28}A$	D_{24}	B	20	D_{28}	20DG	
			55	向D_{29}	$D_{24}A$、$D_{29}A$	D_{24}	B	(20)	D_{29}	20DG	
		D_{25}	56	至D_{17}	$D_{25}A$、$D_{18}A$	D_{25}	B	(18)、(17)、(16)、(15)、13/14	D_{18}	18DG、17DG、16DG、13－15DG	
		D_{26}	57	至D_{17}	$D_{26}A$、$D_{18}A$	D_{26}	B	(19)、18、(17)、(16)、(15)、13/14	D_{18}、D_{23}	19DG、18DG、17DG、16DG、13－15DG	
		D_{27}	58	至D_{17}	$D_{27}A$、$D_{18}A$	D_{27}	B	19、18、(17)、(16)、(15)、13/14	D_{18}、D_{23}	19DG、18DG、17DG、16DG、13－15DG	
		D_{28}	59	至D_{17}	$D_{28}A$、$D_{18}A$	D_{28}	B	20、17、(16)、(15)、13/14	D_{18}、D_{24}	20DG、17DG、18DG、16DG、13－15DG	
		D_{29}	60	至D_{17}	$D_{29}A$、$D_{18}A$	D_{29}	B	(20)、17、(16)、(15)、13/14	D_{18}、D_{24}	20DG、17DG、18DG、16DG、13－15DG	

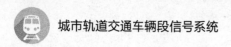
方向			进路号码	进路	排列进路按下按钮	信号机 名称	信号机 显示	道岔	敌对信号	轨道区段	其他联锁
调车进路	由	D_{30}	61	至D_{17}	D_{30}A、D_{18}A	D_{30}	B	16、(15)、13/14	D_{18}	16DG、17DG、13-15DG	
		D_{31}	62	至1AG	D_{31}A、D_1AA	D_{31}	B	(21)、(22)	D_1A、D_1B	21-22DG、23DG、1AG	
			63	至2AG	D_{31}A、D_2AA	D_{31}	B	(21)、22	D_2A、D_2B	21-22DG、23DG、2AG	
			64	至D_{32}	D_{31}A、D_{32}A	D_{31}	B	21	D_3A、D_4A、D_5A	21-22DG	
		D_{32}	65	至3AG	D_{32}A、D_3AA	D_{32}	B	(23)	D_3A、D_3B	23DG、24DG、3AG	
			66	至4AG	D_{32}A、D_4AA	D_{32}	B	23、(24)	D_4A、D_4B	23DG、24DG、4AG	
			67	至5AG	D_{32}A、D_5AA	D_{32}	B	23、24	D_5A、D_5B	23DG、24DG、5AG	
		D_{33}	68	至10AG	D_{33}A、D_{10}AA	D_{33}	B	34	D_{10}A、D_{10}B	34DG、10AG、35-37DG	
			69	至11AG	D_{33}A、D_{11}AA	D_{33}	B	(34)	D_{11}A、D_{11}B	34DG、11AG	
		D_{34}	70	至8AG	D_{34}A、D_8AA	D_{34}	B	36	D_8A、D_8B	36DG、8AG	
			71	至9AG	D_{34}A、D_9AA	D_{34}	B	(36)	D_9A、D_9B	36DG、9AG	
		D_{35}	72	至13AG	D_{35}A、D_{13}AA	D_{35}	B	32	D_{13}A、D_{13}B	32DG、13AG	
			73	至14AG	D_{35}A、D_{14}AA	D_{35}	B	(32)	D_{14}A、D_{14}B	32DG、14AG	
		D_{36}	74	至15AG	D_{36}A、D_{15}AA	D_{36}	B	(29)	D_{15}A、D_{15}B	29DG、15AG	
			75	至16AG	D_{36}A、D_{16}AA	D_{36}	B	29	D_{16}A、D_{16}B	29DG、16AG	
		D_{37}	76	向D_{38}	D_{37}A、D_{38}A	D_{37}	B	27、28	D_{38}	27DG、28DG	
			77	向D_{39}	D_{37}A、D_{39}A	D_{37}	B	27、(28)	D_{39}	27DG、28DG	
			78	至D_{41}	D_{37}A、D_{40}A	D_{37}	B	(27)	D_{40}、<(38)>D_{43}	27DG、28DG	
		D_{38}	79	至D_{19}	D_{38}A、D_{20}A	D_{38}	B	28、27、(26)、(25)	D_{20}、D_{37}	28DG、27DG、25-26DG	

方向		进路号码	进路	排列进路按下按钮	信号机		道岔	敌对信号	轨道区段	其他联锁
					名称	显示				
调车进路	由	D_{39}	80	至 D_{19}	$D_{39}A$、$D_{20}A$	D_{39}	B	(28)、27、(26)、(25)	D_{20}、D_{37}	28DG、27DG、25-26DG	
		D_{40}	81	至 D_{19}	$D_{40}A$、$D_{20}A$	D_{40}	B	(27)、(26)、(25)	D_{20}、D_{37}	27DG、28DG、25-26DG	
		D_{41}	82	向 D_{43}	$D_{41}A$、$D_{43}A$	D_{41}	B	(38)	D_{43}	38DG	与试车线联系
		D_{42}	83	向 D_{43}	$D_{42}A$、$D_{43}A$	D_{42}	B	38	D_{43}	38DG	与试车线联系
		D_{43}	84	至 D_{40}	$D_{43}A$、$D_{41}A$	D_{43}	B	(38)	<(27)>D_{37}、D_{41}	38DG	与试车线联系
			85	向 D_{42}	$D_{43}A$、$D_{42}A$	D_{43}	B	38	D_{42}	38DG	与试车线联系
		D_1A	86	至 D_{17}	D_1AA、$D_{18}A$	D_1A	B	(22)、(21)、15、13/14	D_{18}、D_{31}	21-22DG、23DG、13-15DG、16DG	
		D_2A	87	至 D_{17}	D_2AA、$D_{18}A$	D_2A	B	22、(21)、15、13/14	D_{18}、D_{31}	21-22DG、23DG、13-15DG、16DG	
		D_3A	88	至 D_{17}	D_3AA、$D_{18}A$	D_3A	B	(23)、21、15、13/14	D_{18}、D_{31}、D_{32}	23DG、24DG、21-22DG、13-15DG、16DG	
		D_4A	89	至 D_{17}	D_4AA、$D_{18}A$	D_4A	B	(24)、23、21、15、13/14	D_{18}、D_{31}、D_{32}	24DG、23DG、21-22DG、13-15DG、16DG	
		D_5A	90	至 D_{17}	D_5AA、$D_{18}A$	D_5A	B	24、23、21、15、13/14	D_{18}、D_{31}、D_{32}	24DG、23DG、21-22DG、13-15DG、16DG	
		D_6A	91	至 D_{19}	D_6AA、$D_{20}A$	D_6A	B	37、35、33、30、25	D_{20}	35-37DG、36DG、30-33DG、34DG、31DG、25-26DG	
		D_7A	92	至 D_{19}	D_7AA、$D_{20}A$	D_7A	B	(37)、35、33、30、25	D_{20}	35-37DG、36DG、30-33DG、34DG、31DG、25-26DG	

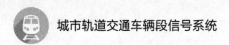

续表

方向		进路号码	进路	排列进路按下按钮	信号机 名称	显示	道岔	敌对信号	轨道区段	其他联锁
调车进路	由	D_8A	93	至D_{19}	D_8AA、$D_{20}A$	D_8A	B	36、(35)、33、30、25	D_{20}、D_{34}	36DG、35－37DG、30－33DG、34DG、31DG、25－26DG	
		D_9A	94	至D_{19}	D_9AA、$D_{20}A$	D_9A	B	(36)、(35)、33、30、25	D_{20}、D_{34}	36DG、35－37DG、30－33DG、34DG、31DG、25－26DG	
		$D_{10}A$	95	至D_{19}	$D_{10}AA$、$D_{20}A$	$D_{10}A$	B	34、(33)、30、25	D_{20}、D_{33}	34DG、30－33DG、35－37DG、31DG、25－26DG	
		$D_{11}A$	96	至D_{19}	$D_{11}AA$、$D_{20}A$	$D_{11}A$	B	(34)、(33)、30、25	D_{20}、D_{33}	34DG、30－33DG、35－37DG、31DG、25－26DG	
		$D_{12}A$	97	至D_{19}	$D_{12}AA$、$D_{20}A$	$D_{12}A$	B	31、(30)、25	D_{20}	31DG、30－33DG、25－26DG、32DG	
		$D_{13}A$	98	至D_{19}	$D_{13}AA$、$D_{20}A$	$D_{13}A$	B	32、(31)、(30)、25	D_{20}、D_{35}	32DG、31DG、30－33DG、25－26DG	
		$D_{14}A$	99	至D_{19}	$D_{14}AA$、$D_{20}A$	$D_{14}A$	B	(32)、(31)、(30)、25	D_{20}、D_{35}	32DG、31DG、30－33DG、25－26DG	
		$D_{15}A$	100	至D_{19}	$D_{15}AA$、$D_{20}A$	$D_{15}A$	B	(29)、26、(25)	D_{20}、D_{36}	29DG、25－26DG、30－33DG	
		$D_{16}A$	101	至D_{19}	$D_{16}AA$、$D_{20}A$	$D_{16}A$	B	29、26、(25)	D_{20}、D_{36}	29DG、25－26DG、30－33DG	
		D_1B	102	至D_1A	D_1BA、D_1AA	D_1B	B		<(22)>D_{31}	1AG	
		D_2B	103	至D_2A	D_2BA、D_2AA	D_2B	B		<22>D_{31}	2AG	
		D_3B	104	至D_3A	D_3BA、D_3AA	D_3B	B		<(23)>D_{32}	3AG	
		D_4B	105	至D_4A	D_4BA、D_4AA	D_4B	B		<(24)>D_{32}	4AG	

方向		进路号码	进路	排列进路按下按钮	信号机		道岔	敌对信号	轨道区段	其他联锁
					名称	显示				
调车进路	由	D_5B	106	至 D_5A	D_5BA、D_5AA	D_5B	B		$<24>D_{32}$	5AG	
		D_6B	107	至 D_6A	D_6BA、D_6AA	D_6B	B		$<37>D_{20}$	6AG	
		D_7B	108	至 D_7A	D_7BA、D_7AA	D_7B	B		$<（37）>D_{20}$	7AG	
		D_8B	109	至 D_8A	D_8BA、D_8AA	D_8B	B		$<36>D_{34}$	8AG	
		D_9B	110	至 D_9A	D_9BA、D_9AA	D_9B	B		$<（36）>D_{34}$	9AG	
		$D_{10}B$	111	至 $D_{10}A$	$D_{10}BA$、$D_{10}AA$	$D_{10}B$	B		$<34>D_{33}$	10AG	
		$D_{11}B$	112	至 $D_{11}A$	$D_{11}BA$、$D_{11}AA$	$D_{11}B$	B		$<（34）>D_{33}$	11AG	
		$D_{12}B$	113	至 $D_{12}A$	$D_{12}BA$、$D_{12}AA$	$D_{12}B$	B		$<31>D_{20}$	12AG	
		$D_{13}B$	114	至 $D_{13}A$	$D_{13}BA$、$D_{13}AA$	$D_{13}B$	B		$<32>D_{35}$	13AG	
		$D_{14}B$	115	至 $D_{14}A$	$D_{14}BA$、$D_{14}AA$	$D_{14}B$	B		$<（32）>D_{35}$	14AG	
		$D_{15}B$	116	至 $D_{15}A$	$D_{15}BA$、$D_{15}AA$	$D_{15}B$	B		$<29>D_{36}$	15AG	
		$D_{16}B$	117	至 $D_{16}A$	$D_{16}BA$、$D_{16}AA$	$D_{16}B$	B		$<29>D_{36}$	16AG	
		D_1C	118	至 1BG	D_1CA、D_1CZA	D_1C	B			1BG	
		D_2C	119	至 2BG	D_2CA、D_2CZA	D_2C	B			2BG	
		D_3C	120	至 3BG	D_3CA、D_3CZA	D_3C	B			3BG	
		D_4C	121	至 4BG	D_4CA、D_4CZA	D_4C	B			4BG	
		D_5C	122	至 5BG	D_5CA、D_5CZA	D_5C	B			5BG	
		D_6C	123	至 6BG	D_6CA、D_6CZA	D_6C	B			6BG	
		D_7C	124	至 7BG	D_7CA、D_7CZA	D_7C	B			7BG	
		D_8C	125	至 8BG	D_8CA、D_8CZA	D_8C	B			8BG	
		D_9C	126	至 9BG	D_9CA、D_9CZA	D_9C	B			9BG	
		$D_{10}C$	127	至 10BG	$D_{10}CA$、$D_{10}CZA$	$D_{10}C$	B			10BG	
		$D_{11}C$	128	至 11BG	$D_{11}CA$、$D_{11}CZA$	$D_{11}C$	B			11BG	
		$D_{12}C$	129	至 12BG	$D_{12}CA$、$D_{12}CZA$	$D_{12}C$	B			12BG	
		$D_{13}C$	130	至 13BG	$D_{13}CA$、$D_{13}CZA$	$D_{13}C$	B			13BG	
		$D_{14}C$	131	至 14BG	$D_{14}CA$、$D_{14}CZA$	$D_{14}C$	B			14BG	
		$D_{15}C$	132	至 15BG	$D_{15}CA$、$D_{15}CZA$	$D_{15}C$	B			15BG	
		$D_{16}C$	133	至 16BG	$D_{16}CA$、$D_{16}CZA$	$D_{16}C$	B			16BG	

在正常情况下，当转换轨区段（ZHG$_1$、ZHG$_2$、ZHG$_3$）、运用库区段（1AG～16AG、1BG～16BG）有车占用时，不允许向该区段排列调车进路。当其他无岔区段有车占用时，允许向该区段排列调车进路，但不允许由其中的非尽头排列长调车进路。

在默认情况下，办理至运用库区段（1AG～16AG、1BG～16BG）的进路时，须检查库内股道空闲。在特殊情况下，可通过控制台上设置的"停止库内股道检查"按钮实现办理至1AG～16AG、1BG～16BG的入库调车进路不检查库内股道空闲。在进路锁闭后，自动恢复为默认情况，并可通过同时按压"总取消"按钮和"停止库内股道检查"按钮办理取消操作。一次"停止库内股道检查"操作的办理仅对一条入库调车进路单次有效。

二、保护区段表

为保证安全，进段信号机内必须设置保护区段。保护区段表如表 3-2 所示，包括：进路号码、保护区段名称、保护锁闭道岔、开始解锁区段、保护区段锁闭道岔延时解锁时间、保护区段锁闭道岔触发区段。

表 3-2 保护区段表

进路号码	进路	后备模式			保护区段锁闭道岔延时解锁时间/s			保护区段锁闭道岔触发区段	
		保护区段名称	保护锁闭道岔	开始解锁区段	后备模式	CBTC 模式		后备模式	CBTC 模式
						未收到停稳信息	收到停稳信息		
1	JD$_1$—D$_9$	6-7DG	5/6、7/8 (7/8)、［5/6］	ZHG$_1$	250	168	67	ZHG$_1$、29G、31G、33G	ZHG$_1$、29G、31G、33G
2	JD$_2$—D$_{10}$	39DG	39	ZHG$_2$	250	168	67	ZHG$_2$、32G、34G、36G	ZHG$_2$、32G、34G、36G
3	JD$_3$—D$_{11}$	39DG	(39)	ZHG$_3$	250	168	67	ZHG$_3$ 及与 ZHG$_3$ 相邻正线区段	ZHG$_3$ 及与 ZHG$_3$ 相邻正线区段

三、非进路调车联锁表

试车线上的进路按非进路调车办理。所谓非进路调车，原指一些车站设有调车线群，这些调车线群为非集中联锁区，为了方便调车车列的解体和编组，需利用集中联锁区的牵出线作为调车线群的推送线。集中联锁区的部分线路用作推送线时，若允许由调车车列往返调车，就构成了非进路调车。非进路调车不受调车信号机位置的限制，可根据需要在任何地点停车，例如越过任何一组道岔都可停车，然后折返，因而提高了作业效率。必须确认推送线上的各道岔区段空闲，且未利用这些区段排列任何进路后，才能发出允许进行非进路调车的命令。该命令发出后推送线上的各有关联锁道岔都要自动转换至规定位置，这些道岔锁闭后，推送线上的所有调车信号机都要开放，使之不阻挡调车车列往返调车。

非进路调车联锁表如表 3-3 所示，包括：非进路调车的线路、非进路调车按下的按钮、进路上应锁闭的道岔编号及位置、进路上应开放的信号机、侵限绝缘区段及照查关系（敌对信号）。

表 3-3　非进路调车联锁表

非进路调车的线路	编号	非进路调车按下的按钮	道岔	开放的信号机	侵限绝缘区段	其他
试车线	F	FA	38	D_{42}、D_{47}		

第二节　计算机联锁系统的组成

计算机联锁系统由联锁机柜、接口柜、组合柜、轨道柜、分线柜和信号机、转辙机、轨道电路或计轴设备等组成。

一、联锁机柜

车辆段采用国产的计算机联锁系统，早期为双机热备型，近来多采用二乘二取二型，各种型号都有。例如，DS6-60型计算机联锁系统机房内设四个标准机柜，分别为电源柜、控显柜、联锁柜、输出柜，以及一个监测台，如图3-1所示。机柜高2 200 mm、宽660 mm、深800 mm。联锁机柜的组成如下：

① 电源柜：自上至下依次为直流稳压电源（4个）、冗余转换器（1个）和UPS（2个）。

② 控显柜：自上至下依次为控显A机、控显B机、ARCNET集线器1和ARCNET集线器2。

③ 联锁柜：自上至下依次为联锁Ⅰ系机笼、联锁Ⅱ系机笼、Ⅰ系输入1机笼、Ⅱ系输入1机笼。

④ 输出柜：自上至下依次为Ⅰ系输出1机笼、Ⅱ系输出1机笼、Ⅰ系输出2机笼、Ⅱ系输出2机笼。

⑤ 监测台：台上放置监测机、监测显示器、打印机及鼠标。

又如EI32-JD型计算机联锁系统，设有联锁机柜、综合机柜、分线柜、电务维修终端。

联锁机柜采用标准结构，机柜内有24 V开关电源（供联锁机、驱采机及采集电路、驱动电路使用）、24 V驱采开关电源（供驱采机使用）、联锁机箱（包括A联锁机、B联锁机、联锁机倒机单元）、驱采机与驱动机箱（包括驱采机和驱动电路）、驱采扩展机箱、采集机箱（安装采集电路）及和组合柜间的配线接口。机箱背部安装有母板，机箱内提供电路板插槽，电路板在机箱前面插入机箱母板中，并且前面板上有指示灯，用以观察设备运行情况及输入输出接口状态。机箱对外的引线通过母板后面的接插件与外界相连。典型的联锁机柜电路板配置（正视图）如图3-2所示。

综合机柜中有24 V接口电源和驱采电源（供采集电路、驱动电路使用）、操作表示机、操作表示机倒机单元、通信机Ⅰ系、通信机Ⅱ系、通信机电源模块、通信机表示盘、通信机倒机单元、网络集线器及UPS、隔离变压器。

分线柜中包括驱动线转接、采集线转接及电源配线板。

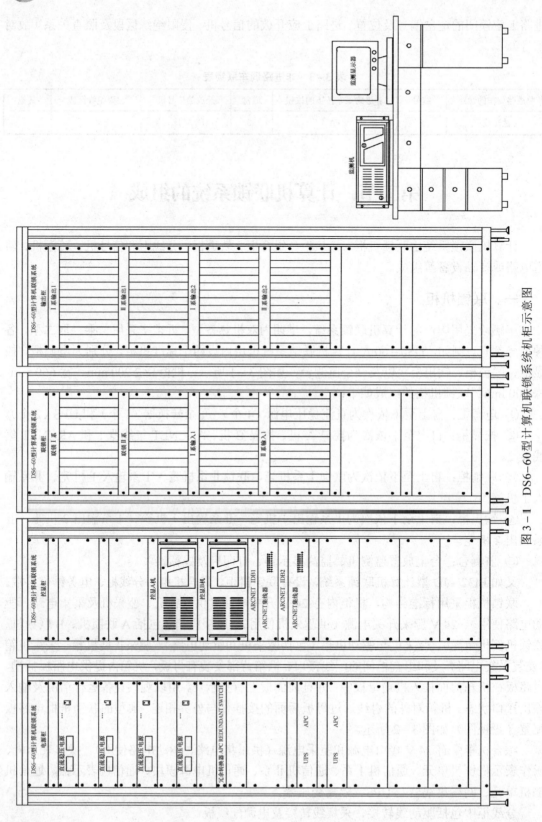

图 3 – 1　DS6–60 型计算机联锁系统机柜示意图

联锁机柜（正视图）

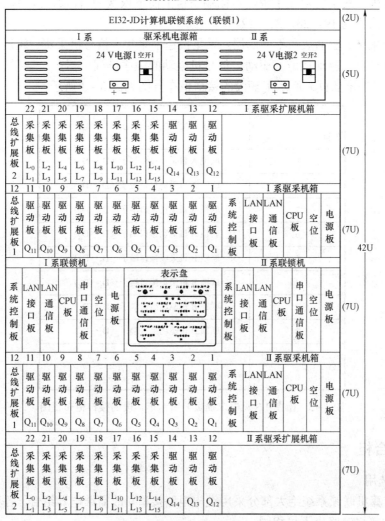

图3-2 联锁机柜电路板配置（正视图）

二、接口柜

接口柜用来连接计算机联锁机柜和组合柜，分别按照联锁 A 机采集、联锁 A 机驱动、联锁 B 机采集、联锁 B 机驱动来分配接口柜端子板。根据采集、联锁的对象的多少确定接口柜及其端子板的数量。

至于接口柜用的插座，各种计算机联锁系统并不相同。DS6-K5B、DS6-60 型计算机联锁系统用 36 芯插座，iLOCK 型计算机联锁系统用 40 芯插座，其他型用 32 芯插座。

接口柜设有接口端子，其前面是插座，用以安插计算机用电缆的插头。背面是压线端子，用以接入从组合柜来的导线及采集板、驱动板的 DC 24 V 端子。

接口柜用 JK 编号，最多 10 层，自上而下依次编为 0，1，2，…，9。0 为零层，用来连接电源，它的 $D_1 \sim D_5$ 为 4 柱端子板，$D_6 \sim D_{11}$ 为 4 柱断路器板，D_{12} 为 18 柱端子板。

接口柜 1～9 层每层有 7 块 40 柱端子板。从接口柜背面看，端子板 01，02，…，07 从左向右顺序排列。对于每块端子板，右侧端子自上而下依次为 1，2，3，4，…，20，左侧端子自上而下依次为 19，20，21，22，…，36。

接口柜的采集、驱动放在不同的层。采集按道岔采集、信号机采集、轨道电路采集、报警采集的顺序排列。驱动按道岔驱动、信号机驱动的顺序排列。

附图 1（见书末插页）所示车辆段的接口柜布置图如图 3-3 所示。

位置 ＼ 块别	$D_1 \quad D_2 \quad D_3 \quad D_4 \quad D_5 \quad D_6 \quad D_7$
9	联锁 A 机采集接口端子（$D_1 \sim D_6$）
8	联锁 A 机采集接口端子（$D_1 \sim D_3$）
7	联锁 A 机驱动接口端子（$D_1 \sim D_7$）
6	联锁 A 机驱动接口端子（$D_1 \sim D_6$）
5	联锁 B 机采集接口端子（$D_1 \sim D_6$）
4	联锁 B 机采集接口端子（$D_1 \sim D_2$）
3	联锁 B 机驱动接口端子（$D_1 \sim D_7$）
2	联锁 B 机驱动接口端子（$D_1 \sim D_6$）
1	
0	$D_1 \sim D_{12}$

图 3-3　附图 1（见书末插页）所示车辆段的接口柜布置图

三、组合柜

1. 组合选用

目前，计算机联锁系统绝大部分采用继电电路接口，故需继电器组合。各种类型的计算机联锁系统的接口电路也不尽相同。

现以一种类型的组合为例，介绍各种组合的选用。计算机联锁系统采用的组合包括信号组合、道岔组合、轨道组合、应急盘组合、电源组合、报警组合。各种组合的继电器类型如表 3-4 所示。

（1）信号组合

信号组合分为进段信号组合（JX）、列车信号组合（LX）和调车信号组合（DX）。JX 供 1 架进段信号机用，1 个 LX 供 3 架进、出库信号机用，1 个 DX 供 4 架接车信号机用。

（2）道岔组合

道岔组合分为普通道岔组合（DC）、道岔通用组合（CT）及其辅助组合（TDF_1、TDF_2）。每组 7 号道岔需用 1 个 DC。9 号 AT 道岔采用交流电动转辙机，由 S700K 型或 ZYJ7 型或 ZDJ9 型电动转辙机双机牵引，每组道岔需用 1 个 CT 及 TDF_1、TDF_2。

（3）轨道继电器组合

无论采用 50 Hz 相敏轨道电路，还是采用 50 Hz 微电子相敏轨道电路，都需要设置轨道继电器。因为交流二元继电器是感应式继电器且无附加轴，它的后接点不得在控制和表示电

表3-4　各种组合的继电器类型

组合名称	0	1	2	3	4	5	6	7	8	9	10
JX	$RD_1 \sim RD_3$ 0.5A	1DJ JZXC-H18	LXJ JWXC-H340	2DJ JZXC-H18	YXJ JWXC-H340	YZHJ JWXC-H340	YAJ JWXC-1700	(2)DJ JZXC-H18	(3)LXJ JWXC-H340	(3)DXJ JWXC-H340	(3)DJ JZXC-H18
LX	$RD_1 \sim RD_4$ 0.5A	RD_5,RD_6 0.5A	(1)LXJ JWXC-H340	(1)DXJ JWXC-H340	(1)DJ JZXC-H18	(2)LXJ JWXC-H340	(2)DXJ JWXC-H340	(3)DXJ JWXC-H340	(3)DJ JZXC-H18	(4)DXJ JWXC-H340	(4)DJ JZXC-H18
DX	$RD_1 \sim RD_4$ 0.5A	RD_5,RD_6 0.5A	$RD_7 \sim RD_8$ 0.5A	(1)DXJ JWXC-H340	(1)DJ JWXC-H340	(2)DXJ JWXC-H340	(2)DJ JZXC-H18	(3)DXJ JWXC-H340	(3)DJ JZXC-H18		
DC	RD_1,RD_3 0.3A RD_3 5A RD_4 0.5A	BB BD_{1-7}	1DQJ JWJXC-125/0.44	2DQJ JYIXC-160/260	DCJ JPXC-1000	FCJ JPXC-1000	DBJ JPXC-1000	FBJ JPXC-1000	DCQDJ JWXC-H340	阻容盒 R75025WC4 F500V	
YJP		YZSAJ JWXC-1700	ZDAJ JWXC-1700	ZFAJ		ILOCKFUJ					
DY		KZKFJ JPXC-1000	SYSAJ JPXC-1000	SYSBJ JPXC-1000	YJPJ JWJXC-H125/80	JWXC-1700					
BJ		1GDJ JWXC-1700	2GDJ JWXC-1700	BSBJ JWXC-1700	DSBJ JWXC-1700	GBJ JWXC-1700	KZTQHJ				
GJ		(1)GJ JWXC-1700	(2)GJ JWXC-1700	(3)GJ JWXC-1700	(4)GJ JWXC-1700	(5)GJ JWXC-1700	(6)GJ JWXC-1700	(7)GJ JWXC-1700	(8)GJ JWXC-1700		

路中使用，只有两组接点，故必须设复示继电器。50 Hz 微电子相敏轨道电路的微电子接收器也必须驱动轨道继电器。

每个轨道继电器组合（GJ）中设 8 个轨道继电器，可供 8 个受电端用。

（4）应急盘组合

有的车辆段还按用户的要求设应急盘（现计算机联锁系统的安全可靠性比较高，可以不采用），需设 1 个应急盘组合（YJP）。

（5）电源组合

全段设 1 个电源组合（DY）。

（6）报警组合

全段设 1 个报警组合（BJ）。

2. 组合排列表

对于尽头式车辆段计算机联锁组合，按信号组合、道岔组合、轨道组合等顺序排列。对于贯通式车辆段计算机联锁组合，排列按上、下行咽喉分开，然后按信号组合、道岔组合、轨道组合等顺序排列。

计算机联锁系统所需各组合之间较少联系，对于组合排列没有非常严格的要求。道岔组合中的 TDF 靠近该组道岔的 CT 排列，TDF 按 J_1、J_2 顺序排列，以减少组合间的配线长度。

车辆段的组合排列表如表 3−5 所示。

四、轨道柜

如采用轨道电路，需有轨道柜排列表，该排列表可以和组合排列表放在一起。

1. 继电式轨道柜排列表

50 Hz 相敏轨道电路采用 ZL50 轨道电路组合，安装在继电器室组合柜上，用于安装 JRJC 型继电器。ZL50 轨道电路组合布置如图 3−4 所示。组合上装有 JRJC 型继电器插座 4 块，可插 4 台 JRJC−45/300 或 JRJC−40/265 型继电器。另有元件安装板 1 块，用于安装防雷元件和补偿电容各 4 个，以及断路器板 2 块、3×18 接线端子板 2 块。内部配线均单独引至侧面端子板。ZL50 轨道电路组合外形尺寸为 880 mm×180 mm，安装尺寸为 68 mm×850 mm，4 孔直径为 10 mm。

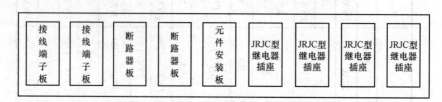

图 3−4　ZL50 轨道电路组合布置

每个轨道柜可安装 10 个 ZL50 轨道电路组合，每个 ZL50 轨道电路组合可安装 4 台 JRJC 型继电器，可供 4 个轨道电路受电端用。在继电式轨道柜排列表中依次填写的是轨道区段的名称，要注意一送多受的情况。

表 3-5　车辆段的组合排列表

第一排

位置\类型·名称	11	12	13	14	15	16	17	18
10	30-33DG₁　31DG / 29DG₁　30-33DG（GD）	27/38WG（GD）	ZHG₃　ZHG₁ / ZHG₂（GD）	4AG 3AG 2AG 1AG / 4BG 3BG 2BG 1BG（GJ）	应急盘组合（YJP）	D₃₃ D₃₄ D₃₅ D₃₆（DX）	D₁₀B D₁₁B D₁₂B / D₁₃B（DX）	
9	28DG₁　29DG / 27DG　28DG（GD）	D₃₉G₂ D₃₈G₂ / 8/14WG D₃₉G₁（GD）	16AG 15AG / 16BG 15BG（GD）	27/38WG D₃₉G₂ D₃₈G₂ / 8/14WG D₃₉G₁（GJ）	电源组合（DY）	D₂₉ D₃₀ D₃₁ D₃₂（DX）	D₆B D₇B D₈B D₉B（DX）	
8	25-26DG　25-26DG₁ / 24DG　24DG₁（GD）	D₃₀G D₂₈G / D₃₈G₁ D₂₉G₁（GD）	14AG 13AG / 14BG 13BG（GD）	D₃₀G D₂₈G D₂₆G D₆G / D₃₈G₁ D₂₉G₁ D₂₇G₁ D₂₂G₁（GJ）	报警组合（BJ）	D₂₅ D₂₆ D₂₇ D₂₈（DX）	D₂B D₃B D₄B D₅B（DX）	JD₃（JX）
7	21-22DG₁　23DG / 20DG　21-22DG（GD）	D₂₆G D₆G / D₂₇G₁ D₂₂G₁（GD）	12AG 11AG / 12BG 11BG（GD）	D₃G D₁G 39DG 38DG / D₄G D₂G 39DG₁ 38DG₁（GJ）		D₂₁ D₂₂ D₂₃ D₂₄（DX）	D₁₄A D₁₅A D₁₆A / D₁B（DX）	JD₂（JX）
6	19DG₁　20DG / 18DG　19DG（GD）	D₃G D₁G / D₄G D₂G（GD）	10AG 9AG / 10BG 9BG（GD）	36DG 35-37DG 34DG 32DG / 36DG₁ 35-37DG₁ 34DG₁ 32DG₁（GJ）		D₁₇ D₁₈ D₁₉ D₂₀（DX）	D₁₀A D₁₁A D₁₂A / D₁₃A（DX）	JD₁（JX）

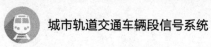

续表

架别 名称 / 类型 / 位置	11	12	13	14	15	16	17	18
名称	轨测盘	轨测盘	轨测盘			信号机报警	信号机报警	
5	16DG 13-15DG / 17DG 14DG	39DG 38DG / 39DG$_1$ 38DG$_1$		30-33DG$_1$ 29DG$_1$ 28DG$_1$ 27DG / 31DG 30-33DG 29DG 28DG	ZHG$_3$ ZHG$_1$ / ZHG$_2$ ZHG$_1$			$D_{14}C$ $D_{15}C$ $D_{16}C$
4	9-12DG 5-8DG / 10-11DG 6-7DG	36DG 35-37DG / 36DG$_1$ 35-37DG$_1$	8AG 7AG / 83G 73G	25-26DG$_1$ 24DG$_1$ 21-22DG$_1$ 20DG$_1$ / 25-26DG 24DG 23DG 21-22DG	16AG 15AG 14AG 13AG / 16BG 15BG 14BG 13BG	D_{13} D_{14} D_{15} D_{16}	D_6A D_7A D_8A D_9A	$D_{10}C$ $D_{11}C$ $D_{12}C$ $D_{13}C$
3	3-4DG 1-2DG / 3-4DG$_1$ 1-2DG$_1$	34DG 32DG / 34DG$_1$ 32DG$_1$	6AG 5AG / 63G 53G	19DG$_1$ 18DG 16DG 13-15DG / 20DG 19DG 17DG 14DG	12AG 11AG 10AG 9AG / 12BG 11BG 10BG 9BG	D_9 D_{10} D_{11} D_{12}	D_2A D_3A D_4A D_5A	D_6C D_7C D_8C D_9C
2			4AG 3AG / 43G 33G	9-12DG 5-8DG 3-4DG 1-2DG / 10-11DG 6-7DG 3-4DG$_1$ 1-2DG$_1$	8AG 7AG 6AG 5AG / 8BG 7BG 6BG 5BG	D_5 D_6 D_7 D_8	D_{41} D_{42} D_{43} D_1A	D_2C D_3C D_4C D_5C
1			2AG 1AG / 23G 13G			D_1 D_2 D_3 D_4	D_{37} D_{38} D_{39} D_{40}	$D_{14}B$ $D_{13}B$ $D_{16}B$ D_1C
类型	GD	GD	GD	GJ	GJ	DX	DX	DX
位置	零层	零层	零层	零层	零层	零层	零层	零层

续表

第二排

架别	位置 21		22		23		24		25	JC₁	JC₂	接口柜 JK	JK
	名称	类型	名称	类型	名称	类型	名称	类型					
10	15#	DC	24#	DC	33#	DC				监测柜	监测柜	10	联锁A机采集 接口端子板 (D_1-D_6)
9	13/14#	DC	23#	DC	32#	DC	38#	CT及功率采集器		监测柜	监测柜	9	联锁A机采集 接口端子板 (D_1-D_3)
8	11/12#	DC	22#	DC	31#	DC	38#	TDF_2		监测柜	监测柜	8	联锁A机驱动 接口端子板 (D_1-D_7)
7	9/10#	DC	21#	DC	30#	DC	38#	TDF_1		监测柜	监测柜	7	联锁A机驱动 接口端子板 (D_1-D_6)
6	7/8#	DC	20#	DC	29#	DC	39#	DC		监测柜	监测柜	6	联锁B机采集 接口端子板 (D_1-D_6)
5	5/6#	DC	19#	DC	28#	DC	37#	DC		监测柜	监测柜	5	联锁B机采集 接口端子板 (D_1-D_2)
4	4#	DC	18#	DC	27#	DC	36#	DC		监测柜	监测柜	4	联锁B机驱动 接口端子板 (D_1-D_7)

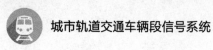
续表

架别	名称	类型	21	22	23	24	25	JC₁	JC₂	接口柜 JK
3	联锁 B 机驱动接口端子板（D_1—D_6）	DC	3#	17#	26#	35#				3
2	应急盘接口端子板（D_1—D_7）	DC	2#	16#	25#	34#				2
1	道岔电流传感器	DC	1#	1#、2#、3#、4#、5/6#、7/8#、9/10#、11/12#、13/14#、15#、16#、17#、8#、19#、20#、21#、22#、23#、24#、25#、26#、27#、28#、29#、30#、31#、32#、33#、34#、35#	36#、37#、39#					1
			DC	道岔电流传感器	道岔电流传感器	DC		监测柜	监测柜	
位置			零层	零层	零层	零层	零层			零层

2. 微电子式轨道柜排列表

50 Hz 微电子相敏轨道电路采用 50 Hz 微电子相敏轨道电路组合。一个 50 Hz 微电子相敏轨道电路组合包括 8 台 WXJ50 型微电子轨道电路相敏接收器、2 个调相防雷器、1 个 SBJQ 型双套报警器。50 Hz 微电子相敏轨道电路组合布置如图 3−5 所示。

1	2	3	4	5	6	7	8	9	10	11
1/GJS₁	1/GJS₂	1/G 2/G	2/GJS₁	2/GJS₂	3/GJS₁	3/GJS₂	3/G 4/G	4/GJS₁	4/GJS₂	BHJ
WXJ50	WXJ50	TFQ	WXJ50	WXJ50	WXJ50	WXJ50	TFQ	WXJ50	WXJ50	SBJQ

图 3−5　50 Hz 微电子相敏轨道电路组合布置

　　每个轨道柜可安装 50 Hz 微电子相敏轨道电路组合，每个组合安装 8 台 WXJ50 型微电子轨道电路相敏接收器，2 台 WXJ50 型微电子轨道电路相敏接收器双机并用，因此每个组合可供 4 个轨道电路受电端用。在微电子式轨道柜排列表中依次填写的是轨道区段的名称，要注意一送多受的情况。

五、防雷分线柜

　　防雷分线柜用来连接接口柜和室外设备，每层可安装 13 块端子板，现多采用 6 柱端子板。按轨道接收、轨道电源、道岔、信号机及它们的数量分配端子板。附图 1（见书末插页）所示 A 车辆段的防雷分线柜布置图如图 3−6 所示，用了两个防雷分线柜。

1 F

位置　块别	1 2 3 4 5 6 7 8 9 10 11 12 13
10	
9	
8	
7	
6	轨道接收
5	轨道接收
4	轨道接收
3	轨道接收
2	轨道电源
1	

2 F

位置　块别	1 2 3 4 5 6 7 8 9 10 11 12 13
10	道岔
9	道岔
8	道岔
7	道岔
6	信号机
5	信号机
4	信号机
3	信号机
2	信号机
1	

图 3−6　防雷分线柜布置图

第三节　车辆段联锁电路

车辆段联锁电路包括接口电路、信号机点灯电路、道岔控制电路、计轴设备控制电路、紧急关闭控制电路、安全门控制电路、断路器报警电路、与邻站信标编码器站间联系电路、与正线车站联系电路等。

一、接口电路

1. 信号机驱动采集电路

车辆段的信号机有进段信号机和调车信号机。对于有的车辆段,列车进出段按列车进路,就必须设进库信号机和出库信号机。如果车辆段内均按调车进路,就不设进库信号机和出库信号机。

（1）进段信号机驱动采集电路

车辆段的进段信号机由车辆段控制,出段信号机由相接的正线车站控制。

进段信号机驱动采集电路如图3-7所示。计算机联锁系统驱动列车信号继电器（LXJ）和引导信号继电器（YZHJ）,采集灯丝继电器1DJ、2DJ的前接点。在所附配线表（表3-6）中填写的是信号机名称、组合位置、接口柜端子号、机柜端子号。组合侧面端子使用是固定的。

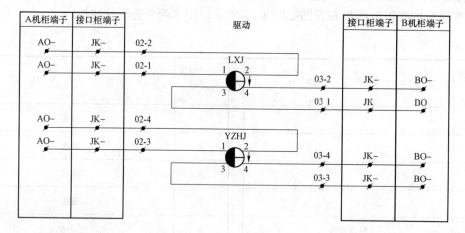

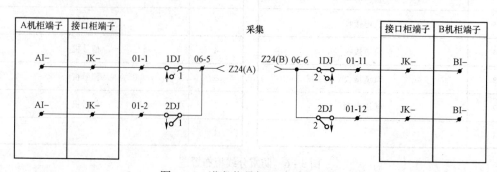

图3-7　进段信号机驱动采集电路

表 3-6 进段信号机驱动采集电路的配线表

信号机名称	组合位置	接口柜端子号								接口柜端子号			
		机柜端子号								机柜端子号			
		A 机				B 机				A 机		B 机	
		LXJ-1 02-1	LXJ-2 02-2	YZHJ-1 02-3	YZHJ-2 02-4	LXJ-3 03-1	LXJ-4 03-2	YZHJ-3 03-3	YZHJ-4 03-4	1DJ-12 01-1	2DJ-12 01-2	1DJ-22 01-11	2DJ-22 01-12
JD₁	18-6	JK-807 -25	JK-807 -26	JK-807 -27	JK-807 -28	JK-407 -25	JK-407 -26	JK-407 -27	JK-407 -28	JK-1003 -15	JK-1003 -16	JK-603 -15	JK-603 -16
		AO-4- X₅-25	AO-4- X₅-26	AO-4- X₅-27	AO-4- X₅-28	BO-4- X₅-25	BO-4- X₅-26	BO-4- X₅-27	BO-4- X₅-28	AI-1- X₃-15	AI-1- X₃-16	BI-1- X₃-15	BI-1- X₃-16
JD₂	18-7	JK-807 -29	JK-807 -30	JK-807 -31	JK-807 -32	JK-407 -29	JK-407 -30	JK-407 -31	JK-407 -32	JK-1003 -17	JK-1003 -18	JK-603 -17	JK-603 -18
		AO-4- X₅-29	AO-4- X₅-30	AO-4- X₅-31	AO-4- X₅-32	BO-4- X₅-29	BO-4- X₅-30	BO-4- X₅-31	BO-4- X₅-32	AI-1- X₃-17	AI-1- X₃-18	BI-1- X₃-17	BI-1- X₃-18

（2）进、出库信号机驱动采集电路

进、出库信号机驱动电路如图 3-8 所示。计算机联锁系统驱动 3 组列车信号继电器（LXJ）和调车信号继电器（DXJ）。在所附配线表中（表 3-7）填写的是信号机名称、组合位置、接口柜端子号、机柜端子号。组合侧面端子使用是固定的。

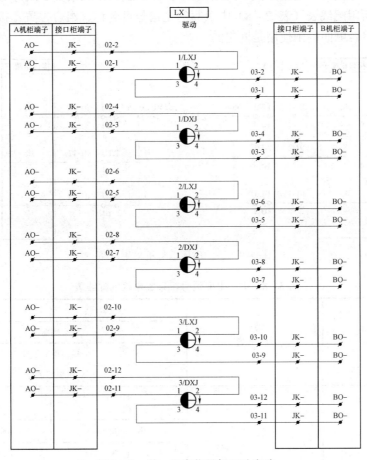

图 3-8 进、出库信号机驱动电路

表 3-7 进、出库信号机驱动电路的配线表

信号机名称	组合位置	A 机		B 机		A 机		B 机	
		组合侧面端子							
		接口柜端子号							
		机柜端子号							
CK₁	26-2	1/LXJ-1 02-1	1/LXJ-2 02-2	1/LXJ-3 03-1	1/LXJ-4 03-2	1/DXJ-1 02-3	1/DXJ-2 02-4	1/DXJ-3 03-3	1/DXJ-4 03-4
		JK₁-402 -13	JK₁-402 -14	JK₂-402 -13	JK₂-402 -14	JK₁-404 -7	JK₁-404 -8	JK₂-404 -7	JK₂-404 -8
		AO-4- X₅-13	AO-4- X₅-14	BO-4- X₅-13	BO-4- X₅-14	AO-4- X₇-7	XO-4- X₇-8	BO-4- X₇-7	BO-4- X₇-8
CK₂		2/LXJ-1 02-5	2/LXJ-2 02-6	2/LXJ-3 03-5	2/LXJ-4 03-6	2/DXJ-1 02-7	2/DXJ-2 02-8	2/DXJ-3 03-7	2/DXJ-4 03-8
		JK₁-402 -17	JK₁-402 -18	JK₂-402 -17	JK₂-402 -18	JK₁-404 -9	JK₁-404 -10	JK₂-404 -9	JK₂-404 -10
		AO-402 -17	AO-402 -18	BO-402 -17	BO-402 -18	AO-4- X₇-9	AO-4- X₇-10	BO-4- X₇-9	BO-4- X₇-10
⋮	⋮	⋮	⋮	⋮	⋮	⋮	⋮	⋮	⋮

进、出库信号机采集电路如图 3-9 所示。计算机联锁系统采集 3 组灯丝继电器（DJ）的前接点。在所附配线表（表 3-8）中填写的是信号机名称、组合位置、接口柜端子号、机柜端子号。组合侧面端子使用是固定的。

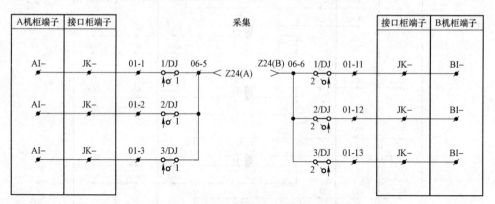

图 3-9 进、出库信号机采集电路

表 3-8 进、出库信号机采集电路的配线表

信号机名称	组合位置	A 机	B 机
		组合侧面端子	
		接口柜端子号	
		机柜端子号	
CK₁	26-2	1/DJ-12 01-1	1/DJ-22 01-11
		JK₁-706-11	JK₂-706-11
		AI-1-X₈-11	BI-1-X₈-11

信号机名称	组合位置	A 机	B 机
		组合侧面端子	
		接口柜端子号	
		机柜端子号	
CK$_2$	26 – 2	2/DJ – 12 01 – 2	2/DJ – 22 01 – 12
		JK$_1$ – 706 – 12	JK$_2$ – 706 – 12
		AI – 1 – X$_8$ – 12	BI – 1 – X$_8$ – 12
CK$_3$		3/DJ – 12 01 – 3	3/DJ – 22 01 – 13
		JK$_1$ – 704 – 23	JK$_2$ – 704 – 23
		AI – 1 – X$_6$ – 23	BI – 1 – X$_6$ – 23
⋮	⋮	⋮	⋮

（3）调车信号机驱动采集电路

调车信号机驱动采集电路如图 3 – 10 所示。计算机联锁系统驱动 4 组调车信号继电器（DXJ），采集 4 组灯丝继电器（DJ）的前接点。在所附配线表（表 3 – 9、表 3 – 10）中填写的是信号机名称、组合位置、接口柜端子号、机柜端子号。

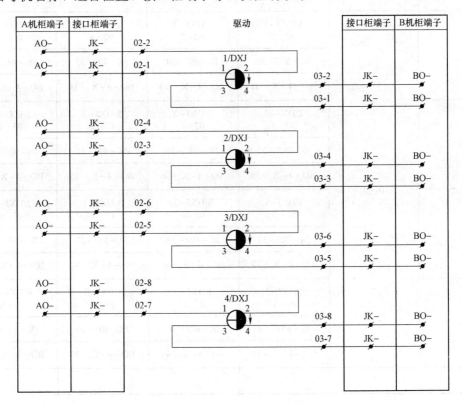

图 3 – 10　调车信号机驱动采集电路

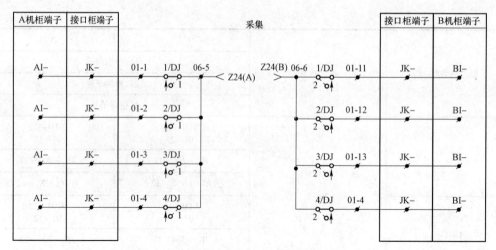

图 3-10　调车信号机驱动采集电路（续）

表 3-9　调车信号机驱动电路的配线表

信号机名称	组合位置	组合柜端子			
		接口柜端子号			
		机柜端子号			
		A 机		B 机	
D_1		1/DXJ-1 02-1	1/DXJ-2 02-2	1/DXJ-3 03-1	1/DXJ-4 03-2
		JK-807-33	JK-807-34	JK-407-33	JK-407-34
		AO-4-X_3-33	AO-4-X_3-34	BO-4-X_3-33	BO-4-X_3-34
D_2		2/DXJ-1 02-3	2/DXJ-2 02-4	2/DXJ-3 03-3	2/DXJ-4 03-4
		JK-807-35	JK-807-36	JK-407-35	JK-407-36
	16-1	AO-4-X_3-35	AO-4-X_3-36	BO-4-X_3-35	BO-4-X_3-36
D_3		3/DXJ-1 02-5	3/DXJ-2 02-6	3/DXJ-3 03-5	3/DXJ-4 03-6
		JK-807-37	JK-807-38	JK-407-37	JK-407-38
		AO-4-X_3-37	AO-4-X_3-38	BO-4-X_3-37	BO-4-X_3-38
D_4		4/DXJ-1 02-7	4/DXJ-2 02-8	4/DXJ-3 03-7	4/DXJ-4 03-8
		JK-807-39	JK-807-40	JK-407-39	JK-407-40
		AO-4-X_3-39	AO-4-X_3-40	BO-4-X_3-39	BO-4-X_3-40
⋮	⋮	⋮	⋮	⋮	⋮

表 3 - 10 调车信号机采集电路的配线表

信号机名称	组合位置	组合柜端子	
		接口柜端子号	
		机柜端子号	
		A 机	B 机
D_1		1/DXJ - 12 01 - 1	1/DXJ - 22 01 - 2
		JK - 1003 - 23	JK - 603 - 23
		AI - 1 - X_5 - 23	BI - 1 - X_5 - 23
D_2		2/DXJ - 12 01 - 3	2/DXJ - 22 01 - 4
		JK - 1003 - 24	JK - 603 - 24
	16 - 1	AI - 1 - X_5 - 24	BI - 1 - X_5 - 24
D_3		3/DXJ - 12 01 - 5	3/DXJ - 22 01 - 6
		JK - 1003 - 25	JK - 603 - 25
		AI - 1 - X_5 - 25	BI - 1 - X_5 - 25
D_4		4/DXJ - 12 01 - 7	4/DXJ - 22 01 - 8
		JK - 1003 - 26	JK - 603 - 26
		AI - 1 - X_5 - 26	BI - 1 - X_5 - 26
⋮	⋮	⋮	⋮

2. 道岔驱动采集电路

直流电动转辙机的道岔驱动采集电路如图 3 - 11 所示。计算机联锁系统驱动道岔定位操纵继电器（DCJ）、道岔反位操纵继电器（FCJ）和道岔启动继电器（DCQDJ），采集道岔定位表示继电器（DBJ）、道岔反位表示继电器（FBJ）的前接点。在所附配线表（表 3 - 11）中填写道岔名称、组合位置、接口柜端子号、机柜端子号。组合侧面端子使用是固定的。

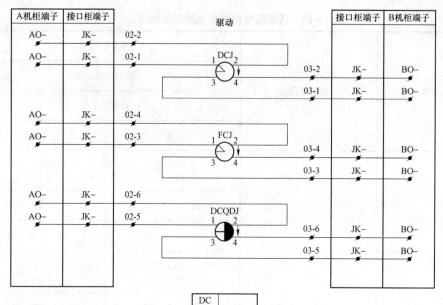

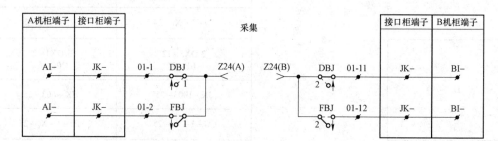

图 3-11　直流电动转辙机的道岔驱动采集电路

表 3-11　直流电动转辙机的道岔驱动采集电路的配线表

道岔名称	组合位置	接口柜端子号												接口柜端子号			
		机柜端子号												机柜端子号			
		A 机						B 机						A 机		B 机	
		DCJ-1 02-1	DCJ-2 02-2	FCJ-1 02-3	FCJ-2 02-4	DCQDJ -1 02-5	DCQDJ -2 02-6	DCJ-3 03-1	DCJ-4 03-2	FCJ-3 03-3	FCJ-4 03-4	DCQDJ -3 03-5	DCQDJ -4 03-6	DBJ- 12 01-1	FBJ-12 01-2	DBJ- 22 01-11	FBJ-22 01-12
1	21-1	JK-801 -5	JK-801 -6	JK-801 -7	JK-801 -8	JK-801 -9	JK-801 -10	JK-401 -5	JK-401 -6	JK-401 -7	JK-401 -8	JK-401 -9	JK-401 -10	JK-1001 -11	JK-1001 -12	JK-601 -11	JK-601 -12
		$AO-3$ X_5-5	$AO-3$ X_5-6	$AO-3$ X_5-7	$AO-3$ X_5-8	$AO-3$ X_5-9	$AO-3$ X_5-10	$BO-3$ X_5-5	$BO-3$ X_5-6	$BO-3$ X_5-7	$BO-3$ X_5-8	$BO-3$ X_5-9	$BO-3$ X_5-10	$AI-1-$ X_3-11	$AI-1-$ X_3-12	$BI-1-$ X_3-11	$BI-1-$ X_3-12
2	21-2	JK-801 -11	JK-801 -12	JK-801 -13	JK-801 -14	JK-801 -15	JK-801 -16	JK-401 -11	JK-401 -12	JK-401 -13	JK-401 -14	JK-401 -15	JK-401 -16	JK-1001 -13	JK-1001 -14	JK-601 -13	JK-601 -14
		$AO-3$ X_3-11	$AO-3$ X_3-12	$AO-3$ X_3-13	$AO-3$ X_3-14	$AO-3$ X_3-15	$AO-3$ X_3-16	$BO-3$ X_3-11	$BO-3$ X_3-12	$BO-3$ X_3-13	$BO-3$ X_3-14	$BO-3$ X_3-15	$BO-3$ X_3-16	$AI-1-$ X_3-13	$AI-1-$ X_3-14	$BI-1-$ X_3-13	$BI-1-$ X_3-14
⋮	⋮	⋮	⋮	⋮	⋮	⋮	⋮	⋮	⋮	⋮	⋮	⋮	⋮	⋮	⋮	⋮	⋮

交流电动转辙机的道岔驱动采集电路的设计同正线联锁区的道岔驱动采集电路的设计。

3. 轨道继电器采集电路

轨道继电器采集电路如图 3-12 所示。计算机联锁系统采集 8 组轨道继电器（GJ）的前接点。在所附配线表（表3-12）中填写的是轨道区段名称、组合位置、接口柜端子号、机柜端子号。

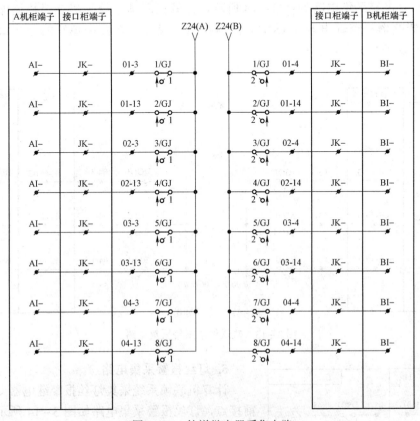

图 3-12 轨道继电器采集电路

表 3-12 轨道继电器采集电路的配线表

	轨道区段名称	组合位置	A 机	B 机
			接口柜端子号	
			机柜端子号	
			GJ - 12	GJ - 22
1	1 - 2DG	14 - 2	JK - 1006 - 16	JK - 606 - 16
			AI - 1 - X_8 - 16	BI - 1 - X_8 - 16
2	1 - 2DG$_1$			
3	3 - 4DG		JK - 1006 - 17	JK - 606 - 17
			AI - 1 - X_8 - 17	BI - 1 - X_8 - 17
4	3 - 4DG$_1$			
⋮	⋮	⋮	⋮	⋮

若采用计轴设备,车辆段的轨道继电器采集电路同正线联锁区的轨道继电器采集电路。

若采用计轴设备,车辆段的计轴复位驱动和轨道继电器采集电路同正线联锁区的计轴复位驱动和轨道继电器采集电路。

4. 轨道停电报警采集电路

轨道停电报警采集电路如图 3-13 所示,计算机联锁系统采集 2 组轨道停电继电器(GDJ)和断路器报警继电器(RSBJ)的前接点。设计时在图中填写的是接口柜端子号和联锁机柜端子号。

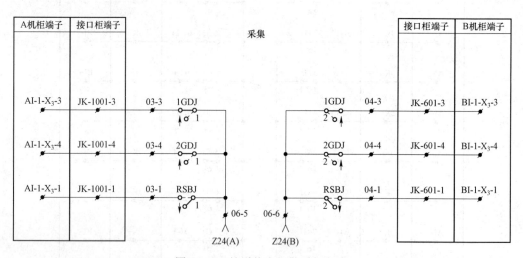

图 3-13　轨道停电报警采集电路

5. 灯丝报警采集电路

计算机联锁系统采集灯丝报警继电器(DSBJ)的前接点,灯丝报警采集电路如图 3-14 所示,设计时在图中填写的是接口柜端子号和联锁机柜端子号。

6. 联锁机驱动采集电路

联锁机驱动采集电路如图 3-15 所示,驱动 KZKFJ、SYSAJ、SYSBJ,采集 SYSAJ、SYSBJ 前接点。设计时在图中填写的是电源组合位置、接口柜端子号和联锁机柜端子号。

图 3-14　灯丝报警采集电路

二、信号机点灯电路

车辆段的信号机有列车信号机、调车信号机。所有信号机正常使用时都点灯。

1. 进段信号机点灯电路

进段信号机点灯电路如图 3-16 所示,它有红、绿、黄三种显示,以及引导信号。列车信号继电器 LXJ 落下,点红灯;LXJ 吸起,引导信号继电器 YXJ 落下,点绿灯;LXJ 落下,引导信号继电器 YXJ 吸起,点红灯和黄灯,为引导信号。在所附配线表(表 3-13)中填写的是信号机名称、组合位置、至分线柜端子号、至灯丝报警仪端子号。组合侧面端子使用是固定的。

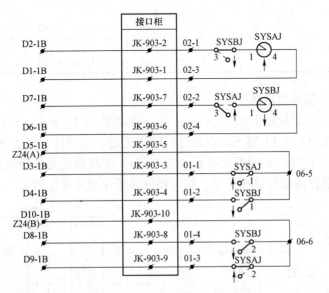

图 3-15 联锁机驱动采集电路

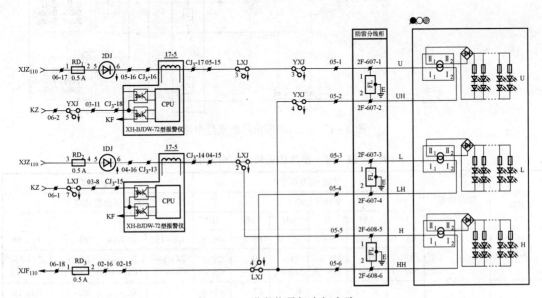

图 3-16 进段信号机点灯电路

表3-13 进段信号机点灯电路的配线表

信号机名称	组合位置	组合侧面端子						组合侧面端子					
		至分线柜端子号						至1灯丝报警仪端子号			至2灯丝报警仪端子号		
		U	UH	L	LH	H	HH	互感器-入	互感器-出	电源采集点(LBJ)	互感器-出	互感器-出	电源采集点(UBJ)
		05-1	05-2	05-3	05-4	05-5	05-6	04-16	04-15	03-8	05-16	05-15	03-11
JD_1	18-6	2F-607-1	2F-607-2	2F-607-3	2F-607-4	2F-607-5	2F-607-6	17-5-CJ_3-13	17-5-CJ_3-14	17-5-CJ_3-15	17-5-CJ_3-16	17-5-CJ_3-17	17-5-CJ_3-18
JD_2	18-7	2F-608-1	2F-608-2	2F-608-3	2F-608-4	2F-608-5	2F-608-6	17-5-CJ_3-21	17-5-CJ_3-22	17-5-CJ_3-23	17-5-CJ_3-24	17-5-CJ_3-25	17-5-CJ_3-26
JD_3	18-8	2F-609-1	2F-609-2	2F-609-3	2F-609-4	2F-609-5	2F-609-6	17-5-CJ_3-29	17-5-CJ_3-30	17-5-CJ_3-31	17-5-CJ_4-1	17-5-CJ_4-2	17-5-CJ_4-3

2. 进、出库信号机点灯电路

有的车辆段设进、出库信号机，它们的点灯电路如图3-17所示。它有红、绿、月白三种显示。列车信号继电器 LXJ 落下，点红灯；LXJ 吸起，点绿灯；LXJ 落下，调车信号继电器 DXJ 吸起，点月白灯。在所附配线表（表3-14）中填写的是信号机名称、组合位置、至分线柜端子号、至灯丝报警仪端子号。组合侧面端子使用是固定的。

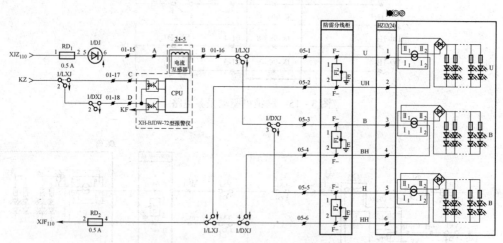

图3-17 进、出库信号机点灯电路

表3-14 进、出库信号机点灯电路的配线表

信号机名称	组合位置	组合侧面端子						组合侧面端子			
		至分线柜端子号						至灯丝报警仪端子号			
		U	UH	B	BH	H	HH	A	B	C	D
CK_1	26-2	05-1	05-2	05-3	05-4	05-5	05-6	01-15	01-16	01-17	01-18
		2F-509-1	2F-509-2	2F-509-3	2F-509-4	2F-509-5	2F-509-6	24-5-CJ_1-17	24-5-CJ_1-18	24-5-CJ_1-19	24-5-CJ_1-20
CK_2		05-1	05-2	05-3	05-4	05-5	05-6	02-15	02-16	02-17	02-18
		2F-510-1	2F-510-2	2F-510-3	2F-510-4	2F-510-5	2F-510-6	24-5-CJ_1-21	24-5-CJ_1-22	24-5-CJ_1-23	24-5-CJ_1-24

信号机 名称	组合位置	组合侧面端子						组合侧面端子			
		至分线柜端子号						至灯丝报警仪端子号			
		U	UH	B	BH	H	HH	A	B	C	D
CK$_3$	26-2	05-1	05-2	05-3	05-4	05-5	05-6	03-15	03-16	03-17	03-18
		2F-601-1	2F-601-2	2F-601-3	2F-601-4	2F-601-5	2F-601-6	24-5-CJ$_1$-25	24-5-CJ$_1$-26	24-5-CJ$_1$-27	24-5-CJ$_1$-28
JK$_1$	27-2	05-13	05-14	05-15	05-16	05-17	05-18	03-15	03-16	03-17	03-18
		2F-808-1	2F-808-2	2F-808-3	2F-808-4	2F-808-5	2F-808-6	24-5-CJ$_5$-5	24-5-CJ$_5$-6	24-5-CJ$_5$-7	24-5-CJ$_5$-8

3. 调车信号机点灯电路

调车信号机点灯电路如图 3-18 所示。它有蓝（或红）、月白两种显示。调车信号继电器 DXJ 落下，点蓝（或红）灯；DXJ 吸起，点月白灯。在所附配线表（表 3-15）中填写的是信号机名称、组合位置、至分线柜端子号、至灯丝报警仪端子号。组合侧面端子使用是固定的。

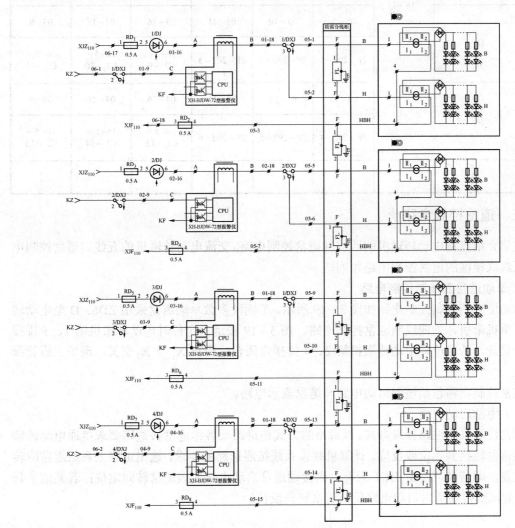

图 3-18　调车信号机点灯电路

表 3-15　调车信号机点灯电路图的配线表

信号机名称		组合位置	组合侧面端子			组合侧面端子		
			至分线柜端子号			至灯丝报警仪端子号		
		DX	B	H	HBH	A	B	C
1	D_1		05-1	05-2	05-3	01-16	01-18	01-9
			2F-201-1	2F-201-2	2F-201-3	16-5-CJ_1-1	16-5-CJ_1-2	16-5-CJ_1-3
2	D_2		05-5	05-6	05-7	02-16	02-18	02-9
			2F-201-4	2F-201-5	2F-201-6	16-5-CJ_1-5	16-5-CJ_1-6	16-5-CJ_1-7
3	D_3	16-1	05-9	05-10	05-11	03-16	03-18	03-9
			2F-202-1	2F-202-2	2F-202-3	16-5-CJ_1-9	16-5-CJ_1-10	16-5-CJ_1-11
4	D_4		05-13	05-14	05-15	04-16	04-18	04-9
			2F-202-4	2F-202-5	2F-202-6	16-5-CJ_1-13	16-5-CJ_1-14	16-5-CJ_1-15
⋮	⋮	⋮	⋮	⋮	⋮	⋮	⋮	⋮

三、道岔控制电路

这里介绍直流电动转辙机的四线制道岔控制电路。交流电动转辙机的五线制道岔控制电路与正线联锁区的道岔控制电路相同。

1. 单动道岔四线制控制电路

单动道岔四线制控制电路如图 3-19 所示。车辆段多数单动道岔采用 ZD6-D 型电动转辙机，单机牵引，为四线制道岔控制电路。图 3-19 按道岔定位时电动转辙机第 1、3 排接点闭合设计，若定位时电动转辙机第 2、4 排接点闭合，需将 X_1 与 X_2 交叉，现场二极管颠倒极性。

道岔控制电路包括道岔启动电路和道岔表示电路。

（1）道岔启动电路

道岔控制采用进路操纵方式。以进路的方式使进路上各组道岔按进路要求接通电动转辙机以将道岔转换到定位或反位。计算机联锁系统按照选路的要求，选出进路上各组道岔应转向的位置，即若某道岔是 DCJ 吸起，则接通道岔启动电路使该道岔转向定位；若某道岔是 FCJ 吸起，则接通道岔启动电路使该道岔转向反位。

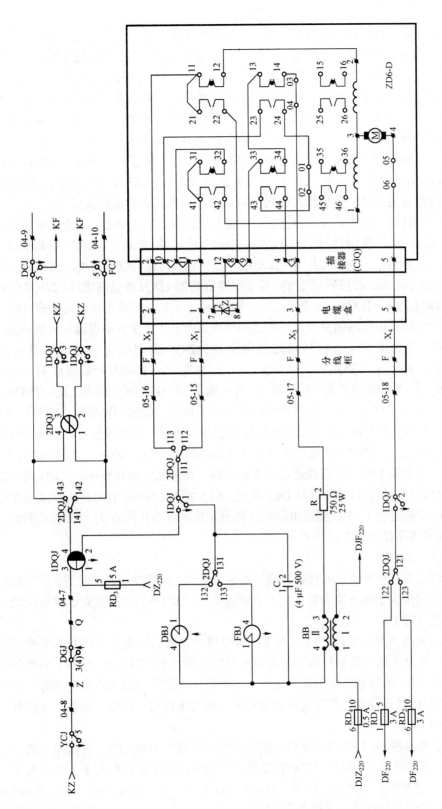

图 3 – 19 单动道岔四线制控制电路

为了行车安全，道岔启动电路必须满足以下技术要求：对道岔实行区段锁闭，道岔区段有车占用时，或道岔区段轨道电路发生故障时，轨道继电器落下，不准道岔转换；对道岔实行进路锁闭，若进路在锁闭状态，锁闭防护继电器落下，不准进路上的道岔再转换；道岔启动后，应保证道岔能继续转到底；道岔启动电路接通后，如果电路故障使道岔没有启动，如因自动开闭器接触不良、电动机炭刷与换向片不密贴等造成道岔未转动，则启动电路应自动被切断；道岔转换完毕且密贴到位后，应自动切断启动电路使电动机停转。

道岔启动电路采用分级控制方式控制道岔转换，由第一道岔启动继电器 1DQJ 检查联锁条件，符合要求后才能启动励磁；然后由第二道岔启动继电器 2DQJ 控制电动机的转动方向，以决定使电动机将道岔转向定位还是转向反位；最后由直流电动机转换道岔。

图 3-19 为道岔在定位状态，当将该道岔选至反位时，FCJ 吸起。检查进路解锁后，由 FCJ 第 5 组前接点将 1DQJ 的 3-4 线圈励磁电路接通。1DQJ 的励磁电路是 $KZ—YCJ_{52-51}—DGJ_{31-32}—1DQJ_{3-4}—2DQJ_{141-142}—FCJ_{51-52}—KF$。1DQJ 励磁后，用其前接点构成 2DQJ 的转极，转极后用 2DQJ 第 4 组接点切断 1DQJ 的励磁电路。2DQJ 的转极电路是 $KZ—1DQJ_{41-42}—2DQJ_{2-1}—FCJ_{51-52}—KF$。由于 1DQJ 的吸起和 2DQJ 的转极，沟通 1DQJ 的 1-2 线圈自闭电路向室外电动机送电电路，使电动转辙机中直流电动机转动，将道岔从定位转换至反位。电动机转动过程中保持 1DQJ 自闭吸起。电动机供电电路为 $DZ_{220}—RD_3—1DQJ_{1-2}—1DQJ_{12-11}—2DQJ_{111-113}$—外线 X_2—自动开闭器接点 11-12—电动机定子线圈 2-3—电动机转子线圈 3-4—遮断器 05-06—外线 X_4—$1DQJ_{21-22}$—$2DQJ_{121-123}—RD_2—DF_{220}$。由于电动转辙机表示杆的作用，道岔刚转换时，自动开闭器第 2 组动接点将 41-42 接点接通，准备电动机反转回路；待道岔转至反位后，自动开闭器第 1 组动接点将 11-12 接点断开，使电动机停止转动。同时切断 1DQJ 的 1-2 线圈电路，使 1DQJ 缓放后落下，用其第 1 组后接点接通道岔表示电路。在道岔转换过程中，2DQJ 保持不动。若要再将道岔转回定位，只需选路时 DCJ 吸起，则 1DQJ 又励磁，2DQJ 的 3-4 线圈接通又转极，直流电动机定子 1-3 线圈通电将道岔转至定位，自动开闭器 41-42 接点断开，电动机停转，1DQJ 落下接通道岔反位表示电路。

（2）道岔表示电路

由电动转辙机自动开闭器的接点接通道岔表示电路，来反映道岔的位置。用电动转辙机自动开闭器的定位表示接点接通道岔定位表示继电器（DBJ），用反位表示接点接通道岔反位表示继电器（FBJ）。

道岔表示电路必须满足以下技术条件：只能用道岔表示继电器的吸起来反映道岔的位置，不准用一个继电器的吸起和落下来表示道岔的两种位置，即只能用 DBJ 的吸起表示道岔在定位，用 FBJ 的吸起表示道岔在反位；当外线发生混线或混入其他电源时，必须保证不使 DBJ 和 FBJ 错误励磁；在道岔转换过程中，或发生挤岔、停电、断线等故障时，应保证 DBJ 和 FBJ 落下。

道岔表示电路的 DBJ 和 FBJ 采用偏极继电器（JPXC-1000 型），采用道岔表示变压器（BB）供电，经插接器（CJQ）与电动转辙机的自动开闭器接点连接起来，并将整流二极管附在 CJQ 上。道岔转到定位或反位后，1DQJ 失磁落下，用其后接点接通道岔表示电路。

道岔在定位时，DBJ 的励磁电路为：$BB_{II3}—R_{1-2}$—外线 X_3—移位接触器 04-03 接点—自动开闭器 14-13 接点—自动开闭器 33-34 接点—二极管 Z_{1-2}—自动开闭器 32-31 接点—外线 X_1—$2DQJ_{112-111}$—$1DQJ_{11-13}$—$2DQJ_{131-133}$—DBJ_{1-4}—BB_{II4}。

DBJ 由道岔变压器二次侧供给的 220 V 交流电源，通过电动转辙机自动开闭器的定位接通接点，经整流二极管将交流电进行半波整流，其电流的方向正好与 DBJ 的励磁方向一致。在交流电的另半周，由于有电容器的放电电流，所以能保持 DBJ 的稳定吸起。

当道岔转到反位后，自动开闭器反位表示接点 21-22、23-24 及 43-44 接通，2DQJ 处于反极性状态，整流二极管反接于表示电路中，改变了半波整流电流的方向，FBJ 吸起，表示道岔处于反位。

不论道岔是处于定位还是处于反位，为了确切地反映道岔位置，都检查了自动开闭器两组接点的动作一致性。在 DBJ 励磁电路中，不但检查了自动开闭器第 1 组接点 13-14 的接通，而且还检查了第 2 组接点 31-32、33-34 的接通，用以确认接触良好和动接点的一致性。FBJ 的励磁也检查了自动开闭器第 2 组和第 4 组接点的接通一致性。

当道岔尖轨有障碍物使电动机空转时，1DQJ 不能落下，使表示电路不能接通；或道岔被挤，自动开闭器两组动接点被表示杆移位，检查柱被抬起处于中间状态，表示电路断开，同时移位接触器 01-02 和 03-04 也被动作杆上顶柱断开，使得 DBJ 和 FBJ 均处于落下状态，表示道岔发生故障，挤岔报警电路被接通并发出挤岔报警。

在所附配线表（表 3-16）中填写的是道岔名称、组合位置、分线柜端子号。组合侧面端子号使用是固定的。在"至 DGJ 接点/GJ 组合"栏中填写轨道继电器名称及接点号（填在上格）和组合侧面端子号（填在下格）。在"至道岔传感器端子"栏中填写道岔传感器所在组合位置及该传感器在组合中的编号。在"至道岔开关量采集器端子"栏中填写本道岔的组合位置。

表 3-16　单动道岔控制电路的配线表

道岔名称	组合位置	分线柜端子号				至 DGJ 接点/GJ 组合		至道岔传感器端子		至道岔开关量采集器端子	
		X_1 05-15	X_2 05-16	X_3 05-17	X_4 05-18	DGJ-Z 04-8	DGJ-Q 04-7	05-14	05-18	1DQJ-41	1DQJ-43
1	21-1	2F-701 -1	2F-701 -2	2F-701 -3	2F-701 -4	1-2DGJ -31	1-2DGJ -32	传感器 1-出	传感器 1-入	21-1-K- 端子 4	21-1-K- 端子 5
						14-201 -5	14-201 -6				
2	21-2	2F-702 -1	2F-702 -2	2F-702 -3	2F-702 -4	1-2DGJ -51	1-2DGJ -52	传感器 2-出	传感器 2-入	21-2-K- 端子 4	21-2-K- 端子 5
						14-205 -1	14-205 -2				
3	21-3	2F-703 -1	2F-703 -2	2F-703 -3	2F-703 -4	3-4DGJ -31	3-4DGJ -32	传感器 3-出	传感器 3-入	21-3-K- 端子 4	21-3-K- 端子 5
						14-202 -5	14-202 -6				
⋮	⋮	⋮	⋮	⋮	⋮	⋮	⋮	⋮	⋮	⋮	⋮

2. 双动道岔四线制控制电路

双动道岔四线制控制电路如图 3-20 所示。采用 ZD6-D 型电动转辙机，双机牵引，为四线制道岔控制电路。图 3-20 按道岔定位时电动转辙机第 1、3 排接点闭合设计，若定位时电动转辙机第 2、4 排接点闭合，需将 X_1 与 X_2 交叉，现场二极管颠倒极性。

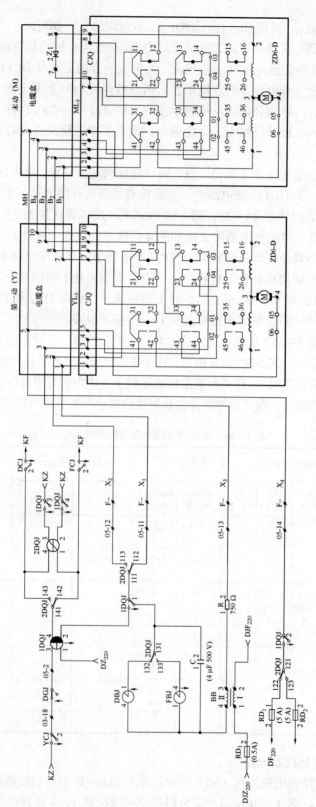

图 3 – 20 双动道岔四线制控制电路

由于双动道岔的位置必须一致，它们的动作也应一致，因此双动道岔可以共用一套控制电路。双动道岔控制电路室外部分的特点在于，两个道岔顺序动作，当第一动道岔转完后才接通第二动道岔电路。由定位转向反位时，双动道岔的动作情况是，当 DZ_{220} 电源送向 X_2 线，使第一动道岔的电动转辙机转到反位后，第一动道岔的自动开闭器断开 $11-12$ 接点，切断第一动道岔电动机电路；接通 $21-22$ 接点，经外线 B_2 将 DZ_{220} 电源经第二动的自动开闭器 $11-12$ 接点送至第二动道岔的电动机端子 2。另一极性电源 DF_{220} 经 X_4 及外线 MH 送至第二动道岔的电动机端子 4，构成第二动道岔电动机电路，将其转换至反位。转到位后第二动道岔的自动开闭器将 $11-12$ 接点断开并接通 $21-22$ 接点，这样第二动道岔的电动机被切断而停转，并最后切断启动电路使 1DQJ 失磁。

双动道岔表示电路将两个电动转辙机的自动开闭器接入道岔表示电路中去，检查两个道岔都在定位或反位后，由第二动道岔的整流二极管将交流电整流成直流电，使 DBJ 或 FBJ 吸起。

双动道岔四线制控制电路的配线表如表 3-17 所示，与单动道岔的基本相同。只是双动道岔处于两个轨道电路区段中，在"至 DGJ 接点/GJ 组合"栏中的上格中要填写两轨道继电器名称及接点号，下格中填写各自所在的组合的侧面端子号。

表 3-17　双动道岔四线制控制电路的配线表

道岔	组合位置	分线柜端子				至 DGJ 接点/GJ 组合				至道岔传感器端子		至道岔开关量采集器端子	
		X_1 05-15	X_2 05-16	X_3 05-17	X_4 05-18	1DGJ-Z 14-8	1DGJ-Q	2DGJ-Z	2DGJ-Q04-7	05-14	05-18	1DQJ-41	1DQJ-43
5/6	21-5	2F-705-1	2F-705-2	2F-705-3	2F-705-4	5-8DGJ-31	5-8DGJ-32	6-7DGJ-31	6-7DGJ-32	传感器1-出	传感器1-入	21-5-K-端子4	21-5-K-端子5
						14-203-5	14-203-6	14-203-15	14-203-16				
7/8	21-6	2F-706-1	2F-706-2	2F-706-3	2F-706-4	5-8DGJ-51	5-8DGJ-52	6-7DGJ-51	6-7DGJ-52	传感器2-出	传感器2-入	21-6-K-端子4	21-6-K-端子5
						14-205-9	14-205-10	14-205-11	14-205-12				
9/10	21-7	2F-707-1	2F-707-2	2F-707-3	2F-707-4	9-12DGJ-31	9-12DGJ-32	10-11DGJ-31	10-11DGJ-32	传感器3-出	传感器3-入	21-7-K-端子4	21-7-K-端子5
						14-204-5	14-204-6	14-204-15	14-204-16				
⋮	⋮	⋮	⋮	⋮	⋮	⋮	⋮	⋮	⋮	⋮	⋮	⋮	⋮

车辆段若有 9 号 AT 道岔，如连接试车线的道岔，一般采用交流电动转辙机，为五线制控制电路，可参见《城市轨道交通正线信号系统》第三章。

四、轨道电路

车辆段检测轨道区段的占用和空闲，可采用轨道电路，也可采用计轴器。轨道电路有 50 Hz 相敏轨道电路（继电式）和 50 Hz 微电子相敏轨道电路两种。

1. 50 Hz 相敏轨道电路

50 Hz 相敏轨道电路如图 2－22 所示。

在所附表 3－18 中，填写的是分线柜端子、轨道测试盘端子。要注意一送多受的情况。

表 3－18　50 Hz 相敏轨道电路的配线表

轨道区段	组合位置		分线柜端子	轨道测试盘端子		轨道柜侧面端子				组合侧面端子
	R(D)GJ	DGJ	C_2-1	R(D)GJ-4	R(D)GJ-3	R(D)GJ-4	R(D)GJ-1	R(D)GJ-2	R(D)GJ-11	R(D)GJ-12	DGJ-1
1DG	$G_1-3(1)$	102-4	01-13	01-14	01-15	01-14	01-17	01-18	01-2 KZ	01-1	01-9
			$F_1-27-7-D$	$F_1-21-8-D$	$G_6-401-15$	$G_6-401-16$	$1GJZ_{220}$	$1GJF_{220}$			
2DG	$G_1-3(2)$	102-6	02-13	02-14	02-15	02-14	02-17	02-18	02-2 KZ	02-1	01-1
			$F_1-21-9-D$	$F_1-21-10-D$	$G_6-402-1$	$G_6-402-2$	$1GJZ_{220}$	$1GJF_{220}$			
⋮	⋮	⋮	⋮	⋮	⋮	⋮	⋮	⋮	⋮	⋮	⋮

2. 50 Hz 微电子相敏轨道电路

50 Hz 微电子相敏轨道电路如图 3－21 所示，为 WXJ50B 型双套微电子相敏轨道电路。局部电源和轨道电源由电源屏提供，并且局部电源超前轨道电源 90°。送电端轨道电源 GJZ_{220}、GJF_{220} 经节能器、轨道变压器降压后送至钢轨。受电端经中继变压器升压后送至调相防雷器，再送至两台 WXJ50 型微电子相敏接收器。两台接收器双机并用，只要有一台接收器有输出，轨道继电器即吸起，以提高轨道电路的可靠性。当 50 Hz 微电子相敏轨道电路接收器接收到 50 Hz 轨道信号，且局部电压超前轨道电压一定范围的角度（θ）时，微电子相敏接收器使轨道继电器吸起。在 $\theta=90°$ 时，处于最佳接收状态。当接收到的信号不能完全满足以上条件时，轨道继电器落下。

在表 3－19 中，填写的是轨道测试盘端子、分线柜端子。要注意一送多受的情况，通过组合侧面端子间配线把 1GJ 的第 4 组前接点接入 GJ 电路。

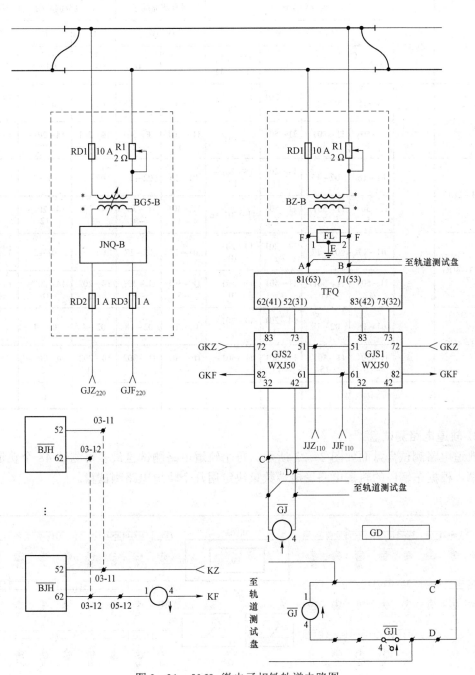

图 3-21 50 Hz 微电子相敏轨道电路图

表 3-19　50 Hz 微电子式相敏轨道电路的配线表

| 轨道区段 | 组合位置 | 组合侧面端子 轨道测试盘端子 | | | | 组合侧面端子 分线柜端子 | | 组合侧面端子间配线 C GJ-1 | D GJ-4 | GJ-4 1GJ-41 |
		A	B	GJ-1	GJ-4或1GJ-42	A	B			
1	1-2DG	11-2	01-15	02-15	14-201-1	14-201-18	01-15	02-15	02-1	01-1	14-201-2
			11-501-1	11-501-3	11-501-1	11-501-2	1F-301-1	1F-301-2	14-201-1	14-201-18	14-201-17
2	1-2DG₁		01-16	02-16	14-201-11	14-201-12	01-16	02-16	02-2	01-2	—
			11-501-8	11-501-7	11-501-5	11-501-6	1F-301-3	1F-301-4	14-201-11	14-201-12	—
3	3-4DG	11-2	01-17	02-17	14-201-1	14-201-10	01-17	02-17	02-3	01-3	14-202-2
			11-501-12	11-501-11	11-501-9	11-501-10	1F-301-5	1F-301-6	14-202-1	14-202-18	14-202-17
4	3-4DG₁		01-18	02-18	14-201-11	14-201-12	01-18	02-18	02-4	01-4	—
			11-501-16	11-501-15	11-501-13	11-501-14	1F-302-1	1F-302-2	14-202-11	14-202-12	—
⋮	⋮	⋮	⋮	⋮	⋮	⋮	⋮	⋮	⋮	⋮	⋮

3. 轨道电路测试盘

轨道电路测试盘盘面如图 3-22 所示。每个轨道电路测试盘最多可测试 48 个轨道电路受电端，根据车辆段的轨道电路受电端数量决定用几个轨道电路测试盘。

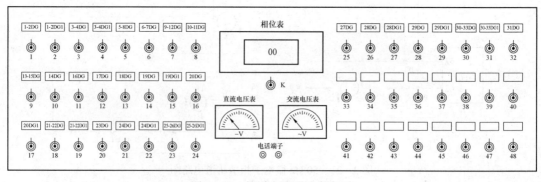

图 3-22　轨道电路测试盘盘面

轨道电路测试盘电路如图 3-23 所示，为定型设计。

若采用计轴设备，车辆段的计轴设备控制、复位电路同正线联锁区的计轴设备控制、复位电路，详见《城市轨道交通正线信号系统》第三章。

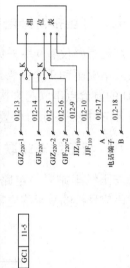

图 3 – 23 轨道电路测试盘电路

五、断路器报警电路

断路器报警电路如图3-24所示，为定型电路。各断路器的端子5并联后接组合排架报警器（BJQ）的相应排架灯（BJQ-1～BJQ-6端子），各断路器的端子7并联后接组合柜零层RDF端子。设计时应在图中填写报警组合所在位置。

六、轨道停电报警电路

轨道停电报警电路如图3-25所示，由电源屏的继电器控制两个轨道停电报警继电器（GJJ），为定型电路，填写的是报警组合（BJ）所在位置。

七、灯丝报警继电器电路

灯丝报警仪有9块采集板，每块采集板可对8架调车信号机或4架列车信号机进行采集，每块采集板驱动1个报警继电器（BJ），BJ定位吸起，有灯丝断丝时BJ落下。将全站所有的BJ的前检点串联起来构成灯丝报警继电器（DSBJ）电路，如图3-26所示。在图中填写的是各BJ所在的组合位置及采集板号。

八、与正线车站联系电路

与正线车站联系电路如图3-27所示。采用继电器电路进行联系，正线车站设车辆段进段信号机的复示继电器。在图中填写的是站联组合所在位置、防雷分线柜端子号。

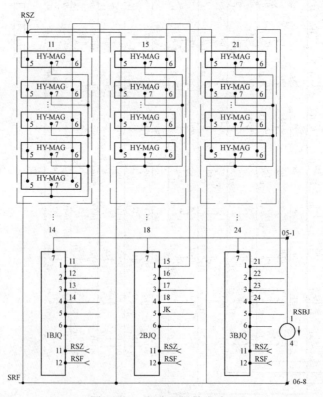

图3-24　断路器报警电路

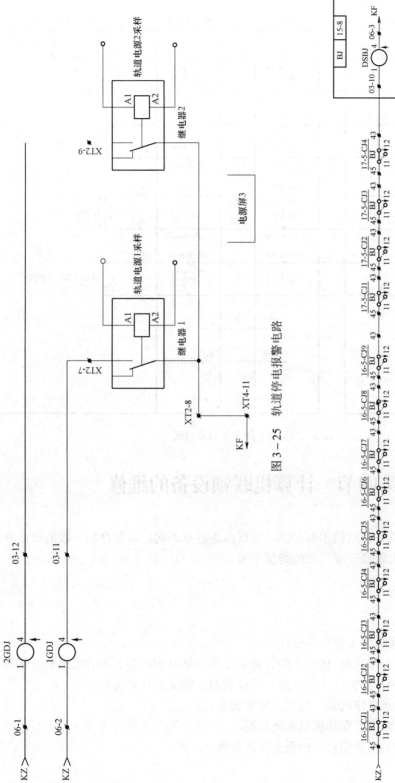

图 3 – 25 轨道停电报警电路

图 3 – 26 灯丝报警继电器电路

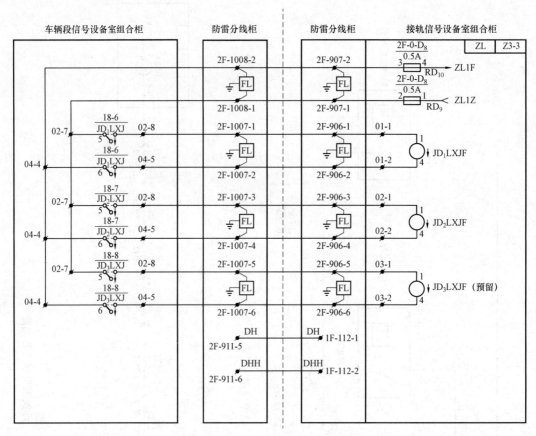

图 3-27　与正线车站联系电路

第四节　计算机联锁设备的维修

各类计算机联锁设备的结构不尽相同，其维修也各有不同，本节介绍一般的维修内容，具体事项详见各计算机联锁设备厂家的维修手册。

一、维修工作内容

1. 日常保养
计算机联锁日常保养的工作内容有：

① 检查系统主机工作状态（机柜上的各种运行指示灯显示状态）、各种电路板及接插件、断路器插接状态及电源、控制台（显示器）工作状态，确保无异常现象。

② 检查室内继电器工作状态，确保无异常现象。

③ 检查风扇运行情况，保持机箱通风良好。

④ 检查维护机有关报警信息，确保无异常现象。

2. 集中保养
计算机联锁集中保养的工作内容有：

① 设备清扫，接插件及各部位螺丝检查、紧固。

② 清理计算机、UPS 通风防尘网。

③ 设备地线、防雷地线、防雷单元测试，各部配线检查。

④ 电源设备检查测试。

⑤ 阻容元件、二极管检查、测试，不良的更换。

⑥ 时钟精度校核。

⑦ 双机热备系统定期切换主、备机（含电源）运用。

⑧ 定期进行系统复位重启，并进行联锁机通信板至维修机的通信口切换和联锁机主、备用电源板、CPU 板、采集板、驱动板切换。

⑨ 检查整修防尘、防鼠设施。

⑩ 电气特性测试。

⑪ 断路器容量核对、测试、检查、整修、更换。

⑫ 按周期更换轮修器材。

⑬ 不良器材更换。

二、维修注意事项

维修计算机联锁的注意事项如下：

① 联锁机从冷机启动需从 IC 卡上读入程序和数据后才能进入正常运行，因此 IC 卡平时应插在 IC 卡插槽内，这样系统在停电恢复后可自动投入运行。注意：IC 卡易受静电冲击损坏，不可用手触摸 IC 卡的端子部分。

② 对于采用光纤连接的计算机联锁系统，因光纤较为脆弱，应注意以下事项：

a. 不要用手触摸光纤接头的光端口，光纤接头不用时一定要戴上防尘帽；

b. 光纤的弯曲半径一定要在 5 mm 以上，否则将造成光纤断裂；

c. 不可使光纤受到强烈的撞击、震动和重力挤压、拉扯；

d. 拆卸光纤连接须握住光纤接头的外壳拔插，不可拉拽光纤线；

e. 连接光纤接头要注意插头与插座的吻合，同时要拧紧固定螺丝口。

③ 联锁机各电路板必须插在机架的指定槽位上，插错位置将导致系统不能运行，并有可能造成设备故障。

④ 注意电路板和模块能否在带电的情况下拔插。有的计算机联锁系统中所有的电路板和模块可以在带电的情况下拔插，有的计算机联锁系统中所有的电路板和模块严禁在带电的情况下拔插，要注意按使用要求进行。对于严禁在带电的情况下拔插电路板和模块的计算机联锁系统，不能在带电的情况下拔插任何电路板和模块，否则将造成设备损坏。

⑤ 电源开关扳动时，须用手握住开关柄轻轻向外拉出，然后再扳动，不可直接用力扳。

三、上位机的维修

上位机（控显机、操表机、监控机）系统工作状态可以在电务维护机的系统图上观察，维护的主要内容有：鼠标操作是否正常、鼠标线两端连接是否紧固、显示器图形显示是否正常、视频线两端连接是否紧固。上位机的维修事项主要有以下各点：

① 在确认设备连接在位后，开启主机及显示器电源，上位机自动进入开机自检程序，

逐个对外部设备及主机进行检查，若系统完好，将出现相应提示，机器自动进入工作状态。

② 当上位机停电后恢复供电时，应首先确认已送电到上位机后再打开上位机的电源开关，启动上位机。当设备故障需重新启动上位机时，只需按复位按钮就可以重新自检和启动系统。使用中禁止按压复位按钮。

③ 当上位机和联锁机通信中断时，屏幕上有"联锁机通信中断"的提示，且有语音报警。

④ 如发现屏幕上时钟不变，表明机器工作异常，需由信号值班人员处理。造成这种现象的原因主要是死机。死机时，控制台站场图形固定不变，不接受任何操作命令，系统时标固定不变，此时需重启或启用备用机，以保证系统正常工作。上述情况下车辆段值班员室的显示器屏幕显示将不变化，不能真实反映情况，但此时联锁机仍工作正常，不会影响已排通的进路和开放的信号及其联锁关系。

⑤ 根据上位机显示器上的状态显示窗口的显示判断系统机的各种故障，若有问题则需启用备用机，以维持系统正常工作。

⑥ 若屏幕监视器上的图像消失，可判断为显示器出现故障或电源接触不良，若颜色显示不正常和图像滚动，一般是显示器的连接线有断线故障造成的。

⑦ 若上位机与联锁机的通信经多次启动后仍不能恢复，可能是机内的网络板有故障。

⑧ 上位机因不能自动切换，所以其切换手柄平时应在主控机位置，需要切换时则只需把手柄切换至备机位置即可。

四、联锁机的维修

观察电务维护机系统图形上联锁双系的工作状态和与各子系统的连线是否正常，故障设备以红色或蓝色标识；观察联锁双系机笼中各通信接口板的状态指示灯是否正常。

1. 开机

联锁机的应用程序已全部固化在 CPU 板上，只要开启电源，程序就开始运转。

联锁机关机后再重新开机时，首先应确认已送电到联锁机，然后再打开位于顶层的电源总开关，启动联锁机。

2. 办理联锁机备机与联锁机主机联机同步

在联锁机备机状态面板上按一下"联机"按钮，联机手续即告完成。主备机联机后，待所有采集驱动信息和锁闭信息完全一致时，主备机自动同步。

3. 人工切换

联锁机切换手柄平时处于"自动"位置且联锁主备机处于同步状态，当联锁机主机故障时会自动切换至备机工作。而当切换手柄不在"自动"位置上时，若联锁机主机故障，它不会自动切换，只能人工切换手柄至另一联锁机位置，使备机变为主机。

当工作机故障影响到设备正常使用时，为缩短故障延时，应尽快人工倒机，恢复正常使用后再对故障机进行故障处理。联锁机人工倒机时，需信号人员和车站值班员共同确认全站均无进路在使用中，并且所有车辆都没在运行中。

4. 更换采集板及驱动板

观察电务维护机系统图形上输入输出机笼和各控制板的工作状态是否正常，如果出现异常，故障设备以红色标识；观察电务维护机系统图形上输入输出机笼与联锁系的连接是否正常；观察输入输出机笼中各控制板的状态指示灯是否正常。

采集板和驱动板均为通用模板，可以互换，但机柜零层、插头必须对号入座，否则就有采集到错误信息或发出错误控制命令的可能。

为了查找故障，可以利用电路图册中的采集信息或控制命令表。表内直接给出了某信息或控制命令的序号、机柜零层、面板指示灯、单元板端子及采集光耦、采集芯片或驱动光耦、驱动芯片，从而找出故障所在，判断出故障单元后，单元内的故障可脱机检查，用万用表检测光电耦合器、电容、电阻等元器件，以进一步找出故障所在。

5. 接口电路的维护

定期检查：接口柜插头固定螺丝是否紧固；I/O 机笼内电缆插头固定螺丝是否紧固；逻辑电源电压是否正常，电源线是否紧固；接口电源电压是否正常，电源线是否紧固；系统接地电阻阻值是否正常。

五、常见故障处理

计算机联锁系统各关键部件均采用双重冗余设计，在系统运行时，单一设备故障时不会影响系统的正常使用，但需要维护人员根据系统故障提示及时发现并排除故障，以保证系统的可用性。系统维护人员可根据维护机上显示的系统报警信息及设备运行状态指示确定故障点，通过更换备件保证系统稳定运行。

系统故障通过以下三个途径给出提示：

① 维护机系统图形和报警框出现红色或蓝色线条或模块，说明系统存在故障，根据故障现象及时更换故障板。

② 各电路板面板工作状态指示灯灭灯，说明电路板工作异常，要及时更换。

③ 上位机系统报警闪烁提示，说明系统存在故障，要及时观察维护机系统图形和报警框文字报警，根据报警内容定位故障，及时维修。

系统维护人员应定时对设备状态进行巡检，以便及早发现故障。

若设备发生故障，首先应认清故障现象、故障影响范围，区分模块本身电路故障和模块之间通信联系故障。确定故障点后，用备品进行更换。

根据故障发生部位可将故障分为计算机部分故障和继电部分故障。继电部分主要是指与室外信号设备相关的继电电路。继电部分故障主要是断线、混线、继电器损坏等。

1. 故障处理应遵循的原则

故障处理应遵循以下原则：

① 当计算机联锁系统发生故障时，首先要判断是大面积故障还是局部故障。如果发生大面积故障，应首先检查工作电源是否正常。如正常，则应着重检查接口柜至机柜之间的各种设备，如未发现异状，然后再检查其他信号设备。当发生局部故障时，应着重检查接口柜至现场信号设备之间的各种设备是否正常。

② 当判断为联锁机或上位机故障时，应首先切换至备机工作，以缩短故障延时。

③ 当主备机切换后，若原有故障报警自动恢复，则可判断为原工作机故障；如主备机切换后，原故障报警信息仍然报警，则表明故障在主备机外，如组合柜、现场信号设备故障或电缆故障等。

2. 系统停机故障应急处理

倒机是故障处理最便捷的应急处理方法，也是判断故障位置的重要方法。倒机包括联锁机倒机、上位机倒机。

当工作机故障影响使用时，为缩短影响使用时间，应尽快人工倒机，恢复正常使用后再对故障机进行故障处理。

（1）鼠标操作失效

若屏幕显示正常（能反映站场变化）但移动鼠标时光标不动，应启用另外一套显示操作设备，如无效，应先后重新启动控显双机。

（2）显示器黑屏

若屏幕显示站场图形画面消失，应启用另外一套显示操作设备，如无效，应先后重新启动控显双机。

（3）控制台功能失效

若屏幕图形不能正确反映站场变化或操作无效，应启用另外一套显示操作设备，如无效，应全系统复位（复位后需进行上电解锁操作）。

3. 上位机故障及处理

上位机提供人机对话功能，因此其故障最容易被车站值班员发现。上位机故障有上位机不工作、控制台命令不执行、显示器故障及上位机与联锁机通信故障等。

（1）上位机停机

若上位机停机，其面板上电源指示灯灭灯。此时，用万用表测量接入上位机的电源是否正常，如果异常，应检查电源线是否松动。重新开机查看上位机面板上电源指示灯是否正常点亮，电源风扇是否转动，如果异常，需更换上位机电源。

（2）上位机不工作

上位机不工作时，表现为显示器上的时钟停止、图像静止不动、控制台上的任何操作均不起作用。其原因可能是上位机的某些功能键被误按，此时只要再次按压即可恢复系统工作；也可能是上位机系统故障，这时应首先进行上位机切换，然后再复位故障上位机。若切换后经多次复位，上位机仍不能正常工作，可判断为内部故障。

（3）上位机不能启动

若电源正常，上位机无法启动，屏幕显示蓝屏，此时可能的原因有：上位机断电、上位机主板故障、机箱中某网卡或显示卡故障。

用修复系统还原，如无法还原，可能是电子盘故障，需更换电子盘；如电子盘无故障，可能是 CPU 板故障，需更换上位机 CPU 板。

（4）上位机死机

上位机死机主要表现为：控制台屏幕显示无任何变化，即使列车通过后其进路白光带也不变化，信号也不恢复；接受任何操作命令，鼠标移不动，按压鼠标按键无效；控制台时钟停止跳动。

当上位机主机死机时，应先切换至备机工作以缩短故障延时，然后再处理死机故障。方法为复位上位机，系统自动启动。

（5）鼠标故障

鼠标故障主要表现为无鼠标符号、鼠标移不动或移动不灵敏、点压按钮不起作用等。原因为：鼠标滚子或磁钢不清洁、按钮开关接触不良，严重时要更换鼠标。

此外，还要检查控制台切换盒至上位机通信插头有无松动，通信线是否良好，检查控制台切换盒是否故障。

如果双鼠标都不能操作，需重新启动上位机。如果单鼠标不能操作，检查故障鼠标连接线是否紧固连接，若连接线没有问题，更换备用鼠标。如果鼠标和连接线都正常，则可能是CPU 板串口存在故障，需要更换上位机 CPU 板。

（6）显示器故障

显示器故障主要表现为黑屏、缺色或花屏。发生这些故障时，首先应检查其电源是否正常，因为电源电压过高或过低都可能导致这些故障。如电源正常，则应检查显示器和上位机的视频线是否有断线或接头松动。如视频线连接正常，则需要进行上位机切换，这时若故障恢复，则表明是原上位机显卡故障，若故障仍未恢复，则可判断为显示器故障，需要更换显示器。

① 显示器黑屏。显示器屏幕无任何显示时称为黑屏。显示器发生黑屏的原因有：显示器掉电、监控机掉电、显示卡故障、视频线插头脱落、控制台切换板故障、显示器故障。

a. 显示器黑屏，电源指示灯灭。显示器在电源开关处有一电源指示灯，当给显示器通电后该指示灯会亮。如指示灯灭，说明显示器掉电，屏幕不会有显示。用万用表测量显示器接入电源是否有电，若电源正常，检查电源连接线是否松动，如果电源连接正常需更换显示器。

b. 显示器黑屏，电源指示灯亮。显示器收不到由微机送来的显示信号，从而屏幕无显示，造成该现象的原因主要有：上位机没有运行本站的应用程序；电源屏主、副电源转换时电压冲击保护导致显示器自动关闭显示（当给显示器输入电压的瞬间有电压冲击时，有的显示器为了防止冲击损坏显示器而自动关闭）；从上位机到显示器的视频电缆头松动或脱落，信号线的针脚弯曲；若控制台有显示切换板，显示切换板故障也可导致黑屏；显示卡故障也可造成屏幕无显示。此时，先检查上位机是否在工作，如果上位机处在停机状态，需重新启动上位机；然后检查视频连接线各连接处是否有连接线松动，紧固连接后检查。若控显机视频卡故障，更换视频卡。

② 显示器缺色。显示器屏幕出现颜色显示不正常，如缺红色、黄色或绿色的显示，称为缺色。造成显示器缺色的原因有：视频线插头松动；视频线插头中端子断线或视频线断线；若控制台有显示切换板，显示切换板故障也可导致缺色，该故障可以通过跳过切换板直接短连视频线和显示器的显示线而观察显示屏的显示来判断；显示卡故障；显示器故障。

③ 显示器花屏。显示器屏幕出现不正常的色彩，称为花屏。发生该故障时可采取的处理措施有：检查视频连接线是否松动，紧固视频连接线各连接处；调整显示器菜单中相关选项；更换显示器。

（7）与联锁Ⅰ系或Ⅱ系通信故障

发生该故障时可采取的处理措施有：查看集线器电源指示灯和各通道接收和发送指示灯是否点亮，如果处在灭灯状态，重新开启集线器电源，如果不能恢复需更换集线器；查看上位机内电源指示灯是否正常点亮，如果异常，需更换网卡；查看联锁双系是否在工作；查看光纤是否连接正常；重新启动上位机。

4. 联锁机故障及处理

通过观察维护机的系统状态和报警信息可以及时发现联锁机故障。

当联锁单系发生故障时，若故障系为主系，系统自动切换到从系工作，原主系转为待机或退出控制；若故障系为从系，从系转为待机或退出控制，系统将由双机工作态自动降级为单机工作态。故障板可停机更换，更换完闭后加电以自动进入同步状态。

联锁机主机故障主要有死机、通信中断、电源故障、采集电路故障、驱动电路故障等。

当备用联锁机处于同步状态时，主机发生故障，备机自动发生切换，使同步状态的备机升为主机，使已开放的信号继续开放。当备用联锁机处于非同步状态时，若发生上述故障，需要人工手动切换。切换后全场锁闭，信号关闭。

当判断故障在联锁机时，应首先进行联锁机切换，使故障联锁机脱机，然后再观察故障联锁机的运行灯是否还在运行，若停止运行，则记录各指示灯的状态后对机器复位。若复位后恢复正常（备用上位机指示"上位机通信正常"），表明发生故障瞬时，外界对电源或通信有较强的干扰，干扰消失后，设备就可以经复位后恢复正常工作。若复位后仍不能正常运行，则要对联锁机的电路板进行逐个更换，直到故障排除。若联锁机虽能正常运行，但备用上位机仍然报"联锁机通信中断"，则要更换通信网卡。

（1）死机

联锁机上设有运行灯，运行灯可直观地表示机器是否在运转状态。当运行灯停止运行时，表明程序走飞了，即"死机"。联锁机死机时，其状态运行指示灯停止闪烁。

当备机未在同步状态时，工作机的运行灯停止运行，控制台有"联锁机通信中断"的文字报警和音响报警。发生此情况应尽快记录各种指示灯此时的状态，然后重启机器。造成这种情况的主要原因有：电源电压不稳、通信有强的干扰、CPU 板故障等。对于由前两种原因造成的死机，在故障原因消失后可用复位键恢复正常；对于由 CPU 板故障造成的死机，可对其进行逐个更换，直到故障排除。若所有指示灯点亮，则为连接驱动板的 I/O 板故障。

若重启后仍未正常，应观察联锁机采集板指示灯是否闪烁，如能正常闪烁，则可判断为该联锁机报警板插头松动或故障；如采集板最上面一排的指示灯也不闪烁，则为电路板故障，可按下列步骤处理：

① 关闭电源后首先更换 CPU 板，更换时必须注意核对板上的跳线和插好相应的芯片。

② 如更换 CPU 板后系统仍不能恢复，可关闭电源，将全部的 I/O 板逐一拔出后分别上电启动，如指示灯恢复闪烁，则很可能为某一 I/O 板故障。

备机在同步状态时会自动倒机，原备机会升为工作机，在控制台屏幕上只会看到故障倒机的报警信息，而不会有"联锁机通信中断"的提示。自动倒机后，显示器上备机同步的指示也会自动消失。

备机的运行灯停止运行，只会造成备机脱机，不会影响工作机的正常运行。

（2）通信中断

系统通信主要是联锁机和上位机之间的通信，有指示灯可观察。当联锁机和上位机均进行故障处理后，系统仍不能恢复正常工作，则故障一定在通信线路上。造成通信故障的可能原因有：通信板故障、通信线插头有松动或断线、通信线断线。

若故障发生在通信线路上，可以通过备用通信线直接连接联锁机和上位机来应急使用。

① 联锁机和上位机通信中断。

控制台屏幕显示"联锁机通信中断",联锁机运行正常,说明联锁机和上位机通信中断。此时应首先进行联锁机切换,如仍未恢复,再进行上位机切换,恢复使用后再查找备机故障,应着重检查通信网卡是否故障、通信接口是否松动和通信线路是否完好。

② 联锁机通信中断。

此种故障往往在控制台处有语音报警或音响报警,并且屏幕上有"联锁机通信中断"的文字报警提示。此时可采取的处理措施有:查看系间通信板电源指示灯是否正常点亮,如果在灭灯状态,需更换对应的通信板;查看系间通信板的接收和发送灯是否闪烁,如果停止闪烁,则需更换系间通信板,更换连接光纤或电线。

当备机处于同步状态时,发生联锁机通信中断,联锁机会自动倒机,若倒机后正常,联锁通信中断的报警提示可能会由于倒换时间极短,在屏幕上来不及显示就又恢复正常,但此时有联锁机倒机的提示,并且主备机同步信息也消失,这种现象一般为联锁机故障造成的。当故障部位在联锁机上,倒机后系统不间断使用,此时故障机变为备机,并应与备用的上位机通信。

当备机未处于同步状态时,出现联锁机通信中断,应先人工倒联锁机。若联锁机倒机后恢复正常,表明故障点在联锁机上。若联锁机倒机后仍不能正常使用,则人工切换上位机。通过切换上位机恢复正常,说明故障在上位机上。

当故障在联锁机上时,应先观察联锁机的运行灯是否还在运行,若停止运行,记录各指示灯的状态后重启机器,如恢复正常(上位机会提示"联锁机通信正常"),表明发生的是瞬间故障或是在某种特定条件下因软件缺陷而引起的死机,一般复位后就可恢复正常使用。如重启后仍不能正常运行,则要对联锁机的板子逐个进行更换,直至故障排除。若运行灯正常运转,则要更换通信网卡或 CPU 板。

上位机故障造成报"联锁机通信中断",一般是上位机里的通信网卡故障造成的。

(3)电源故障

联锁机机柜有 3 个开关电源,包括计算机电源、采集电源和驱动电源。采集电源故障影响信息采集,驱动电源故障影响控制命令输出。

机柜电源误差范围应在 15% 以内,否则会影响机器的正常工作。平时应注意观察各机柜的电源指示灯,发现故障及时处理。

查看联锁机电源板指示灯是否点亮,如果处在灭灯状态,需更换电源板。用万用表测量联锁机机笼背面的逻辑电源是否正常,如果异常,需检查电源连接线是否松动。

① UPS 无输出。当 UPS 有电压输入而无电压输出时,联锁机 A、上位机 A、电务维修机将会断电而无法运行。此时的应急措施是:立即把双刀双掷闸扳到另一侧,将 UPS 甩掉,直接向设备供电;或者进行联锁机和上位机的切换。应注意,进行电源开关转换或主备机切换时,应确认没有办理任何进路和所有车辆都已停止运行。

② 动态稳压电源故障。动态稳压电源 A 故障时会自动切换到动态稳压电源 B 供电,且控制台伴有故障提示。动态稳压电源 B 故障在控制台上也有故障提示。要求信号维修人员遇有动态稳压电源故障提示时要随时解决处理,否则,若两个稳压电源同时故障,将造成全站设备瘫痪。如遇有两个稳压电源同时故障,此时的应急措施为用其他直流稳压电源暂时代替解决。

③ 采集电源故障。联锁机 A、B 都有自己的采集电源,但由于它们所采集的对象是同

一个对象（为了节省采集接点），为了降低电源故障对采集的影响，它们的采集电源是并联的。因此，当其中一套的采集电源故障时，另一套的采集电源继续供电，此时仍然能采集到信息。但是，既然电源有故障，仍然要求及时更换处理，防止另一采集电源也发生故障时影响全站设备正常使用。

（4）采集电路故障

采集电路故障可能的原因包括：采集板故障、采集回线断线、继电器故障。处理采集电路故障时首先要分清是机柜内故障，还是机柜外断线。

① 检查采集板面板灯是否亮灯，若不亮，可用万用表电压挡测发光二极管两端是否有电压，有电压而灯不亮，则发光二极管损坏，更换采集板即可。

② 若采集板上的发光二极管完好而面板灯不亮，说明故障在机外，可能原因是继电器接点接触不良、采集线断线、接口插座松动等。若只是个别对象采集不到，可怀疑是采集板故障。

③ 检查采集电路时，可借助采集地测量各采集点处是否有电。

个别信息采集不到，可能是采集板的对应光耦损坏、信息采集线断线、继电器接点接触不良。大量信息采集不到，可能是采集回线有断线，若集中在一块板上，也可能是采集板不工作，或接口插座松动。采集板不工作的原因有：采集板故障、与机柜采集母板的连接部分有故障。

（5）驱动电路故障

若继电器不励磁，可能是驱动板无驱动信号，或者驱动板有驱动信号而继电器不励磁。

① 驱动板无驱动信号。驱动板的驱动灯不闪或亮稳定灯光均表示无驱动命令输出，原因有：驱动条件不具备、驱动板故障。在查找驱动故障前，必须先确认联锁条件是否满足。若大面积驱动命令无输出，也可能是插头松动。以上原因维修机都有提示。

② 驱动板有驱动信号而继电器不励磁。原因有：驱动板故障、继电器故障、驱动电源故障、驱动回路断线。若驱动板闪烁，继电器不动作，需更换继电器。检查驱动信号时可用驱动回线作参考高电位，测量驱动信号回路经过的端子上有无脉动信号，以查明是否有断线。

（6）联锁备机不能联机

联锁备机不能联机的可能原因有：切换手柄不在自动位置、主备机通信线没插好、主备机通信板故障、电线盒故障、备机故障。

造成脱机的原因比较多，一般为备机故障、通信干扰等。分析脱机原因时，主备上位机的记录都要考虑，尤其是备用上位机的记录中直接包含备机脱机时的状态。

（7）自动倒机

在备机联机同步时，如果工作机出现关键性错误，工作机会自动倒机变为备机，而原备机升为工作机，在显示器上只会看到"故障倒机"的报警信息，而不会有"联锁机通信中断"的提示。自动倒机后，显示器上"备机同步"的指示也会自动消失，而显示"备机脱机"。

发生下列情况之一时，处于同步状态的备机会自动切换：主机自检发现严重故障；主备机通信中断；主机与上位机通信中断或通信应答时间过长；备机的控制命令多于主机。

由于联锁机采用的是整机系统的切换方式，因此除微机部分发生故障时要进行自动切换外，对采集、驱动模块的故障，如导致突发性关闭信号的故障，也要进行自动切换。其原因可根据主备上位机的记录分析，主上位机的记录中直接记录原工作主机倒为备机的原因。

若自动倒机后正常,联锁机通信中断的报警提示可能会由于倒机时间极短而在控制台上来不及显示就恢复正常,但此时有联锁机"故障倒机"的提示,并且主备机同步信息也消失,这种现象一般为联锁机故障造成的。当故障部位在联锁机上,倒机后系统可不间断使用,此时故障机变为备机并应与备用的上位机通信。通过查看主备监控机的记录可找到自动倒机的原因。

若自动倒机后系统不能正常工作,且控制台有"联锁机通信中断"的报警,表明故障不在联锁机,而是在上位机、通信网卡或通信线路上。

5. 维护机故障及处理

维护机故障及处理如下:

① 维护机停机,面板上的 5 V 和 12 V 电源指示灯灭灯。此时可采用的处理措施有:用万用表测量接入维护机的 220 V 电源是否正常,如果异常,检查电源线是否松动;重新开机查看维护机面板上的 5 V 和 12 V 电源指示灯是否正常点亮,电源风扇是否转动,如果异常,需更换维护机电源。

② 维护机无法启动,屏幕显示蓝屏。此时可采用的处理措施有:用键盘修复系统,在开机时始终按下键盘上的 F11 键,选择还原系统;更换系统硬盘;更换维护机 CPU 板。

③ 显示器无显示。此时可采用的处理措施有:检查显示器电源;检查电源连线是否松动;更换维护机 CPU 板。

④ 通信中断。此时可采用的处理措施有:检查光纤连接是否正确;检查 ARCNET 集线器是否正常;更换 ARCNET 网卡。

⑤ 打印机不工作。此时可采用的处理措施有:检查打印机电源和联机电缆,以及打印纸安装情况。如一切正常,则可能是主机板上的打印机接口电路故障,需更换维护机 CPU 板。

注意:维护机加电时严禁拔插打印机联机电缆插头,否则可能损坏打印机接口电路。

6. 输入采集故障及处理

输入采集故障及处理如下:

① 输入机笼故障,所有输入板指示灯灭灯,CPU 板电源指示灯灭灯。此时可采用的处理措施有:开启输入机笼电源板电源开关,查看输入机笼电源板的 24 V 和 5 V 电源指示灯是否点亮,如果处在灭灯状态,用万用表测量机笼背面逻辑电源是否为 24 V,如果正常,则需要更换电源板,如果异常,则需要检查电源配线是否连接正确。

② 机笼电源正常,所有输入板指示灯灭灯。此时可采用的处理措施有:检查机笼 I/O 部 CPU 板 5 V 电源指示灯是否点亮,观察 I/O 部 CPU 板各指示灯是否正常点亮或闪烁。如果指示灯正常,需要用万用表检查接口 24 V 电源线是否连接正确;如果指示灯异常,需要更换 I/O 部 CPU 板。

③ 输入板单板故障,板内所有采集指示灯灭灯。此时可采用的处理措施有:检查输入板安装是否紧固,板上 5 V 电源指示灯是否点亮,如果没有点亮,更换输入板;如果点亮,则检查对应后插输入端子板安装是否紧固,检查连接电缆插头是否紧固,检查对应接口柜电缆插头是否紧固。

④ 输入板通道故障,继电器在吸起时输入板通道指示灯灭灯,控显机或维护机对应的采集状态为继电器落下。此时可采用的处理措施有:查看继电器的状态,用万用表测量接口

架故障通道采集电压，如果继电器在吸起态，则前接点采集电压应为 18～24 V。如继电器状态和测量采集电压一致，说明输入板故障，需更换输入板；如果不一致，说明继电器端的配线存在故障。

7. 输出驱动故障及处理

输出驱动故障及处理如下：

① 输出机笼故障，所有输出板指示灯灭灯，CPU 板电源指示灯灭灯。此时可采用的处理措施有：开启输出机笼电源板电源开关，查看输出机笼电源板的 24 V 和 5 V 电源指示灯是否点亮。如果处在灭灯状态，用万用表测量机笼背面逻辑电源是否为 24 V。如果正常，则需要更换电源板；如果异常，则需要检查电源配线是否连接正确。

② 机笼电源正常，联锁机有输出信号但所有输出板指示灯灭灯。此时可采用的处理措施有：检查机笼 I/O 部 CPU 板 5 V 电源指示灯是否点亮，观察 I/O 部 CPU 板各指示灯是否正常点亮或闪烁。如果指示灯正常，需要用万用表检查接口 24 V 电源线是否连接正确；如果指示灯异常，需要更换 I/O 部 CPU 板。

③ 输出板单板故障，板内所有驱动指示灯灭灯，所有驱动无输出电压。此时可采用的处理措施有：检查输出板安装是否紧固，板上 5 V 电源指示灯是否点亮。如果没有点亮，需更换输出板，机笼重新加电；如果点亮，则检查对应后插输出端子板安装是否紧固，检查连接电缆插头是否紧固，检查对应接口架电缆插头是否紧固。

④ 输出板单路没有输出。此时可采用的处理措施有：查看双系对应的输出通道指示灯是否都没有输出，如果通道指示灯亮而在接口柜测量该路输出时没有输出电压，则需更换输出板。

六、更换备件

更换备件时必须首先切断被更换模块的电源，从机架上取下故障模块，插入新模块，然后加电恢复。系统的冗余设计容许单重系模块断电更换，不间断系统运行。

对于不允许带电拔插的计算机联锁系统，系统内所有电路板都不允许带电拔插，现场维修或检修需要拔插电路板时需按照以下顺序操作：

① 用螺丝刀打开电源板的防护盖，按下电源开关，关闭故障电路板所在机笼的电源板；

② 用工具拧松固定电路板的 2 个螺丝；

③ 分别按下电路板面板上的 2 个辅助扳手的红色按钮；

④ 双手分别按住面板上 2 个黑色助力扳手内侧，向外用力，从机笼中拔出电路板；

⑤ 插入新的电路板，双手分别按住面板上 2 个黑色助力扳手外侧，向内用力，使电路板面板与其他电路板面板在同一平面上；

⑥ 用工具把固定电路板的 2 个螺丝拧紧；

⑦ 开启机笼电源板电源开关；

⑧ 电路板的电源灯正常点亮，说明电路板更换成功，用螺丝刀关闭电源板的防护盖。

七、远程诊断

1. 远程诊断的意义

由于采用计算机等高新技术，某些设备故障已无法在现场进行维修，所以一般实行二级维修。在现场根据诊断结果替换故障模块（指电源模块及印制板功能模块等），然后将故障模块送往维修管理中心甚至返回生产厂家进行维修或替换。

对于计算机联锁系统，很有必要设立维修管理中心，由此来实现远程诊断和集中维护。远程诊断系统的建立是实现信号维修现代化的重要步骤，有利于提高维修水平和排除故障的速度，也有利于维修资源的合理配置和使用。

2. 远程诊断系统的结构和组成

远程诊断系统由电务维修机和通信网络组成。

电务维修机与两套上位机通过以太网进行通信，实时采集控制台和继电器的各种表示、车辆段值班员的办理情况、联锁机各种错误等，对这些信息进行记录储存。电务维修机利用串行通信口连接调制解调器。

通信网络由调制解调器和模拟电话交换网组成。数字信息通过调制解调器的调制，把数字信号转换成模拟信号，通过模拟电话交换网传递到远程维修中心，在那里通过解调把模拟信号转换成数字信号，完成数据的通信过程。由于采用拨号网络，因此只要在能拨通电话的地方就可以设置远程诊断中心，并且可以建立移动维修系统。

3. 远程诊断的实现

远程诊断系统的基础是被监视和诊断的设备要具备完善的自检测功能，除了能自检出系统级故障功能外，还应具备板级的自检功能。

计算机联锁系统中各子系统的设备状态信息通过车辆段综合数据局域网汇总到电务维修机，电务维修机通过光纤数据通信 WAN 与远程诊断中心进行信息交换。

远程诊断是电务维修机的一项重要功能，这项功能建立在远程访问服务器（RAS）的基础上，从而使原来简单的双机串口远程通信演变成局域网络通信。

在 RAS 的支持下，调制解调器和串口成为系统的虚拟网络适配器，远程连接的两台工作站将建立起一个对等型局域网，具有所有局域网的功能。

现场的电务维修机将作为拨号连接的应答方，时刻在侦听来自远程工作站的连接请求，一旦有请求，则由调制解调器进行应答，在 RAS 上验证登录权限（包括用户名和密码等）后，连接建立。在规定的权限内，双方可以共享包括打印机在内的一切软硬件资源。

建立连接后，现场电务维修机向远程客户实时传送站场状况、所有实时记录，通过映射网络驱动器，远程用户可以得到现场维修机上可以共享的所有文件。这一切都是由现场维修机相应的服务程序来完成的，无须现场人员进行任何操作。

远程诊断中心配备有备件库，具有过程诊断、维修指导咨询、软件维护等业务功能。

远程诊断中心随时监视着各车站联锁控制系统的设备运行数据，并对这些数据进行诊断分析，当发现某设备有故障时，能及时报警。维护中心的技术人员根据故障性质和情况，采取相应的措施进行维修，比如通过电话指导现场更换某故障单元板或发生故障切除命令或隔离命令等。必要时，在远程诊断中心可通过图像再现等手段分析列车运行时设备的工作情况。

复习思考题

1. 阅读车辆段的联锁表。
2. 联锁机柜、接口柜、组合柜、轨道柜、防雷分线柜如何布置？

3. 阅读并分析驱动电路和采集电路。

4. 阅读并分析信号机点灯电路。

5. 阅读并分析单动道岔控制电路。

6. 阅读并分析双动道岔控制电路。

7. 比较双动道岔控制电路与单动道岔控制电路的区别。

8. 阅读并分析 50 Hz 相敏轨道电路。

9. 阅读并分析 50 Hz 微电子相敏轨道电路。

10. 阅读并分析轨道停电报警电路。

11. 阅读并分析灯丝报警电路。

12. 阅读并分析断路器报警电路。

13. 阅读并分析与正线车站联系电路。

14. 简述计算机联锁设备的维修工作内容。

15. 维修计算机联锁设备要注意哪些事项？

16. 计算机联锁设备有哪些常见故障？如何处理？

第四章

车辆段的 ATC 系统

第一节　出入车辆段的运行

一、进入车辆段

正常情况下，列车从正线运行至车辆段内，以 ATO 模式或 SM 模式接近车辆段，且要求列车停在车辆段入口附近。然后，当列车到达合适位置且列车速度不高于 RM 速度时，系统将提示司机选定 RM 模式。

二、车辆段内的正常驾驶

一般情况下，在车辆段内，没有提供 ATC 功能的轨旁设备不可能采用 ATO 模式或 SM 模式，只能使用 RM 模式。列车运行速度监督在预定低速值（如 25 km/h），称为 RM 速度。ATP 功能不监督驾驶方向，列车可以自由地以"前行"或"反向"的方向移动。

如果 ATC 延伸到车辆段内，则可以采用 ATO 模式或 SM 模式。

三、从车辆段发车

在有效的驾驶室用总钥匙打开 ATP 和 ATO 车载单元。ATP 执行自检测，并在成功地完成自检测之后启动 ATO 车载单元。只要没接收到报文，ATP 就认为列车在车辆段内，并保持在 RM 模式中。

当列车从车辆段向正线行驶时，要求使用 RM 模式，这由车辆段的出段信号机来控制。一旦列车进入正线前的转换轨，就会接收到从轨道电路发来的报文，ATP 车载单元将自动转换至 SM 模式。如满足转换到 ATO 模式的全部条件，ATO 启动按钮就会亮，司机按下 ATO 启动按钮时，ATP 车载单元将会转换到 ATO 模式。

第二节　车辆段的 ATC 设备

一、车辆段的 ATC 设备组成

车辆段的 ATC 设备主要包括 ATS 分机和车辆段终端。如果 ATC 延伸到车辆段内，还有轨旁无线设备（AP 和天线）。

1. ATS 分机

车辆段设一台 ATS 分机，用于采集车辆段内停车库线的列车占用及进/出车辆段的列车信号机的状态，在控制中心显示屏上给出以上信息的显示，以便控制中心及车辆段值班员及车辆管理人员了解段内停车库线列车的车次及车组运用情况，正确控制列车进、出段。

车辆段 ATS 分机通过交换机与联锁设备通信，并和试车线信号设备、正线 ZC 相连。

车辆段联锁设备通过车辆段 ATS 分机与控制中心交换信息，实现段内运行列车的追踪监视，ATS 分机为车辆段与控制中心提供有效的信息传输通道，距离较长时用 MODEM。

2. 车辆段终端

车辆段派班室和信号楼控制台室各设一台终端，与车辆段 ATS 分机相连，根据来自控制中心的实际时刻表建立车辆段作业计划。

二、车辆段的 ATC 设备配置

例如，采用 UrbalisTM 型 CBTC 系统的车辆段配置冗余的本地 ATS、冗余 ATS 车辆段值班员工作站、连接到骨干网的交换机、冗余 SDH 多路复用器、轨旁无线设备（AP 和天线），用于停车库线通信。车辆段的 ATC 设备配置如图 4-1 所示。

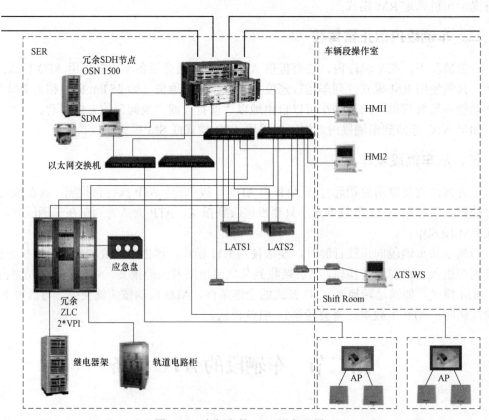

图 4-1　车辆段的 ATC 设备配置

AP—接入点；SER—信号设备室；ZLC—车站联锁；LATS—车站 ATS；　HMI—操作员工作站

三、全自动无人驾驶模式下的车辆段的 ATC 设备配置

在全自动无人驾驶模式下，列车在车辆段停车库就被自动唤醒或休眠，所以车辆段内必须安装与正线一样的 ATC 设备。

复习思考题

1. 车辆如何进入车辆段？
2. 车辆如何驶出车辆段？
3. 简述车辆段的 ATC 设备组成。
4. 车辆段的 ATC 设备与正线车站的相比有什么不同？
5. 简述采用 UrbalisTM 型 CBTC 系统的车辆段设备配置。

第五章

试车线信号系统

第一节 试车线概述

试车线一般设于车辆段内，其主要功能是在安装及检修完 ATP 及 ATO 车载设备后，在试车线上进行 ATP/ATO 的静、动态试验。通过试验控制台，试验人员对轨道区段设置各种不同的速度信息，检验车载设备动态 ATP 及 ATO 性能，通过两个模拟的站台环路检验列车的车站定位停车、站台停车后的信息交换等功能。

一、设备配置

试车线上安装与正线上一样的 ATP/ATO 轨旁设备及联锁设备。试车线使用一台联锁或者替代联锁（非安全 PC）实现或模拟必要的联锁功能。

用于试车线的室内和室外设备由以下主要部件组成：轨道区段的室内和室外设备、ATP/ATO 轨旁单元、试车线的试验计算机、与用于紧急停车车辆段计算机联锁系统的接口、精确停车的现场设备（环线）、PTI 环线、室内电缆、供电系统。

车辆段计算机联锁系统负责对试车线的进路进行设定。试验计算机模拟 ATP 的轨旁单元联锁接口，使 ATP 能够完成各项试验。

为了测试车辆，一条典型的速度曲线将永久存储在 ATP 轨旁单元中。在试车线的两端，在行驶的每一方向定制了运营停车点。ATP 的定位环线将安装在两端。

为试车线提供以下特殊测试设备，包括：带特殊测试应用程序的试验计算机（标准 PC）、用于 ATP/ATO 车载设备单元的车辆运行模拟器、用于 ATP 轨旁单元诊断的笔记本电脑。

二、试车线功能

1. 驾驶模式测试

试车线可用于进行 RM 模式、SM 模式、ATO 模式（包括能源优化功能）、AR 模式下的测试。驾驶模式可以由试验计算机菜单控制的软件进行切换。以上四种驾驶模式均可发送给列车。ATP/ATO 的车载设备单元将分别按指令进行驾驶。

2. 性能测试

可进行超速测试、保护区段测试、列车保护距离测试、紧急停车测试、后退监督测试、车站定位停车和车门控制测试、轨道报文故障测试等，还可进行硬件性能测试，车载显示测试，报警、登录和诊断测试，与其他系统的接口测试等。

3. 驾驶室转换

进行两端驾驶室的转换。

由于测试人员在试车线试验 PC 机上通过指令输入可以给出出发命令，这样，运营停车点就被移走，列车接收到 ATP 轨旁设备生成的出发命令。

完成测试以后，车辆段计算机联锁系统将取消测试进路，以便 ATP 系统停止向列车发送相关报文。

司机在试车线以外的线路上必须以 RM 模式驾驶列车。

试车线的另一个功能是为维修人员提供一个 ATP/ATO 地面设备实际维修培训的场所。

使用试车线进行试验阶段，试车线内的进路在车辆段计算机联锁系统上设为非进路调车模式。

第二节　试车线的联锁图表

一、信号设备平面布置图

试车线的信号设备平面布置图如图 5－1 所示。可见，其信号机、应答器、计轴器、无线接入点的布置与正线联锁区完全一样。试车线的信号设备平面布置图中也设有站台、道岔、紧急关闭按钮，但除了与车辆段连接的道岔外，它们都是虚拟的。在图 5－1 中，56 号道岔及 D_{52}、D_{53}、D_{54} 信号机由车辆段信号楼联锁设备控制。

二、联锁表

图 5－1 所示试车线的联锁表如表 5－1 所示。试车线的联锁表要比车辆段的联锁表复杂，它既要考虑主模式，又要考虑降级模式，还要考虑保护区段，因此项目较多。

开始延时解锁倒计时时，值班员工作站首先开始"未收到停稳信息"计时器倒计时，倒计时为 0 之前，计算机联锁系统收到列车停稳信息时，立即跳至"收到停稳信息"计时器的倒计时。至此倒计时为 0 时，保护区段立即解锁。若计算机联锁系统一直未收到列车停稳信息，直到"未收到停稳信息"计时器的倒计时为 0 后，继续开始"收到停稳信息"计时器的倒计时，至此倒计时为 0 时，保护区段立即解锁。

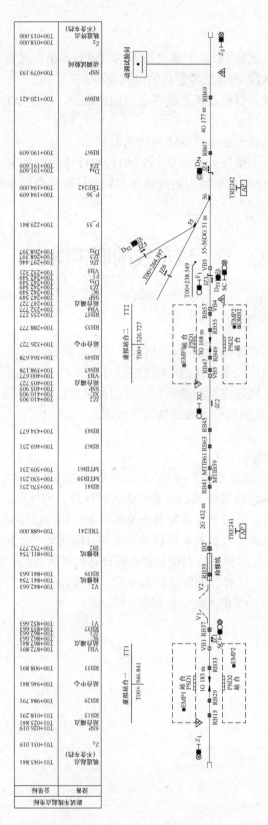

图 5-1 试车线的信号设备平面布置图

表 5-1　联锁表

站名	进路号码	进路性质	办理进路按钮	信号机名称	显示	道岔	敌对信号	轨道区段降级模式	轨道区段主模式	侵限区段	保护区段名称	开始区段解锁	触发区段降级模式	触发区段主模式	解锁时间未收到停稳信号降级模式	未收到停稳信号主模式	收到停稳信号	进路接近区段降级模式	进路接近区段主模式	进路延时解锁时间/s降级模式	主模式	其他联锁降级模式	主模式	自动通过进路功能
试车线	1	直通进路	$SC(TT_1)A$、$SC(TT_2)A$	$SC(TT_1)$、$SC(TT_2)$	L、U	虚拟道岔 V_1、V_2 / 虚拟道岔 (V_1)、(V_2)	F_1、$XC(TT_2)$	2G、3G	2G		55-56DG				189	168	65	1G	1G	241	65	1G安全门,1G紧急关闭,3G安全门,3G紧急关闭,1G扣车		否
	2	折返进路	$SC(TT_2)A$、Z_2A	$SC(TT_2)$	L	56 / (V_1)、(V_2)	F_1	55-56DG、4G	55-56DG、4G									3G、2G、1G	3G、1G	241	65	3G安全门,3G紧急关闭,3G上行,$XC(TT_2)$不开放,扣车	$XC(TT_2)$不同时开放	否
	3	直通进路	F_1A、$XC(TT_2)A$	F_1	L		$SC(TT_1)$、$SC(TT_2)$	3G	3G		2G				189	168	65	55-56DG、4G	55-56DG、4G	241	65	3G安全门,3G紧急关闭		否
	4	折返进路	$XC(TT_2)A$、Z_1A	$XC(TT_2)$	L		$SC(TT_1)$	2G、1G	2G、1G									3G、55-56DG、4G	3G、55-56DG、4G	241	65	3G安全门,3G紧急关闭,3G下行,$SC(TT_2)$不开放,1G安全门,1G紧急关闭	$SC(TT_2)$不同时开放	否

除了设计联锁表外，还要设计自动折返进路表。图 5-1 所示试车线的自动折返进路表如表 5-2 所示。

表 5-2　自动折返进路表

站名	进路号码	进路名称	进路性质	自动折返按钮	进路列表
试车线	4、1	CY_1	自动折返进路	CY_1A	$XC(TT_2)$至 Z_1、$SC(TT_1)$至 $SC(TT_2)$
	2、3	CY_2	自动折返进路	CY_2A	$SC(TT_2)$至 Z_2、F_1至 $XC(TT_2)$

第三节　试车线的信号设备组成

一、信号设备组成

试车线的信号设备组成如图 5-2 所示，也分成室内信号设备和室外信号设备。室内信号设备包括：联锁主机、轨旁电子单元、柜数据存储单元、区域控制中心（ZC）、数据通信系统（DCS）、计轴器、接口柜、组合柜、防雷分线柜、电源屏、UPS、稳压器、蓄电池、SDM 维护打印机、联锁维护工作站、LEU 监测工作站、计轴维护工作站、试车线控制工作站等。室外信号设备包括：信号机、各种应答器、EMP、DRB、AP 等。

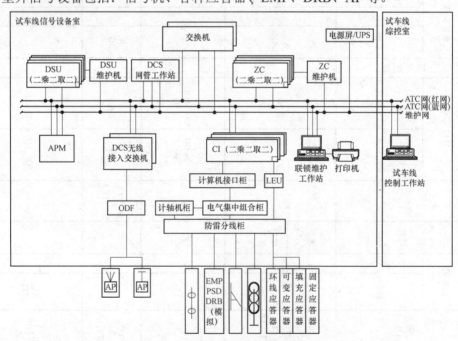

图 5-2　试车线的信号设备组成

二、室内信号设备布置

试车线室内信号设备布置图如图 5-3 所示，设备组成如表 5-3 所示。

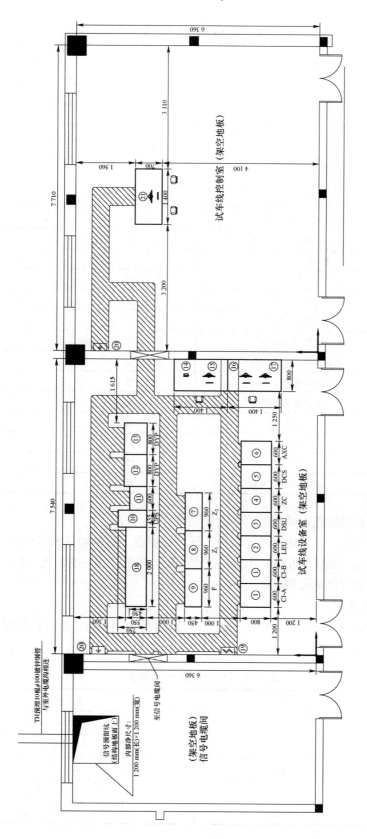

图 5 - 3 试车线室内信号设备布置图（单位：mm）

表 5-3 试车线室内信号设备组成

编号	设备名称	单位	数量
①	计算机联锁主机柜	台	2
②	轨旁电子单元机柜	台	1
③	数据存储单元机柜	台	1
④	区域控制器	台	1
⑤	数据通信无线机柜	台	1
⑥	计轴机柜	台	1
⑦	接口柜（Z_2）	架	1
⑧	组合柜（Z_1）	架	1
⑨	防雷分线柜（F）	架	1
⑩	不间断电源（UPS）	台	1
⑪	稳压器	台	1
⑫	电源屏（交流）	台	1
⑬	电源屏（直流）	台	1
⑭	SDM 维护打印机	套	1
⑮	联锁维护工作站（SDM）	套	1
⑯	LEU 监测工作站	套	1
⑰	计轴维护工作站	套	1
⑱	蓄电池	套	1
⑲	配电箱	套	1
⑳	接地箱	套	2
㉑	试车线控制工作站	套	1

其中，配电箱和接地箱由动力照明专业提供。

计算机联锁主机柜、轨旁电子单元机柜、区域控制器、数据通信无线机柜、计轴机柜、接口柜的布置与正线联锁区的相同，不同的是组合柜、防雷分线柜的布置。另外，试车线室内信号设备含有数据存储单元机柜。

1. 组合柜的布置

试车线因设备较少，只需要一架组合柜，其布置如表 5-4 所示。继电器类型表如表 5-5 所示。

表 5-4 试车线组合柜的布置

层号	组合类型	设备名称
10	CQX	F_1、XC、SC（TT_2）
9	CFX	SC（TT_1）
8	ZDX	Z_1、Z_2
7	GJ	1G～4G、55-56DG
6	FWJ	1G～4G、55-56DG

续表

层号	组合类型	设备名称
5	灯丝报警主机	
4	DY	
3	LS	V_1、V_2
2		
1		
0		

表5-5　继电器类型表

组合类型	1	2	3	4	5	6	7	8	9	10
CQX	(1) DJ	(1) LXJ	(1) DDJ	(2) DJ	(2) LXJ	(2) DDJ	(3) DJ	(3) LXJ	(3) DDJ	
	JZXC-H18	JWXC-H340	JWXC-H340	JZXC-H18	JWXC-H340	JWXC-H340	JZXC-H18	JWXC-H340	JWXC-H340	
CFX	DJ	LXJ	ZXJ	DDJ						
	JZXC-H18	JWXC-H340	JWXC-H340	JWXC-H340						
ZDX	(1) DJ	(2) DJ								
	JZXC-H18	JZXC-H18								
GJ	(1) GJ	(2) GJ	(3) GJ	(4) GJ	(5) GJ	(6) GJ				
	JWXC-1700	JWXC-1700	JWXC-1700	JWXC-1700	JWXC-1700	JWXC-1700				
FWJ	(1) FWJ	(2) FWJ	(3) FWJ	(4) FWJ	(5) FWJ	(6) FWJ				
	JWXC-H340	JWXC-H340	JWXC-H340	JWXC-H340	JWXC-H340	JWXC-H340				
DY	SYSA	SYSB	KZKFJ	RSBJ	DSBJ					
	JPXC-1000	JPXC-1000	JPXC-1000	JWXC-1700	JWXC-1700					
LS	DBJ	FBJ								
	JWXC-H340	JWXC-H340								

（1）信号组合

信号组合分为出站、防护、区间信号组合（CQX）、出站兼防护信号组合（CFX）、阻挡信号组合（ZDX）。CQX 为 3 架出站兼防护信号机用，CFX 为 1 架出站兼防护信号机用，ZDX 为 2 架阻挡信号机用。

（2）轨道继电器组合

轨道继电器组合（GJ）为 6 个轨道继电器用。

（3）计轴复位组合

计轴复位组合（FWJ）为 6 个计轴复位继电器用。

（4）电源组合

电源组合（DY）为一条试车线用。

2. 数据存储单元机柜的布置

数据存储单元机柜用来安放数据存储单元，其布置如图5-4所示。

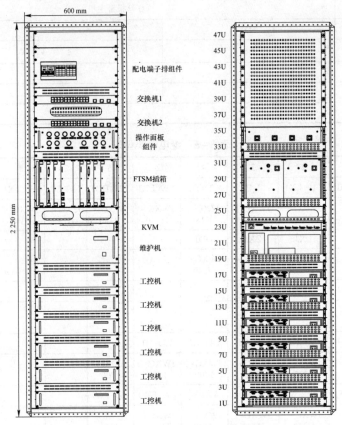

图5-4 数据存储单元机柜的布置

3. 防雷分线柜的布置

试车线因设备较少，只需要一架防雷分线柜，其布置如表5-6所示。防雷单元配置如表5-7所示。

表5-6 防雷分线柜的布置

层号	种类
9	
8	
7	
6	
5	发车计时器
4	TRE电源、电话、贯通
2	信标
1	信号机
0	电源

表5-7　防雷单元配置

序号	设备电缆芯线	防雷类型	防雷连接方式	保护模式
1	TRE红、蓝网电源	BVB FUM220	并联	L-PE 纵横
2	信号机点灯	BVB FUM120	并联	L-PE 纵横
3	计轴磁头	V25131-A1-A282 型计轴防雷单元	由集成商实施	
4	信标	BVB FUM60	并联	L-PE 纵横
5	贯通线	BVB FUM220	并联	L-PE 纵横
6	发车计时器	集成商供货		
7				
8				
9				
10				
11				
12				
13				
14				
15				
16				
17				
18				

第四节　试车线的信号电路

试车线的信号机点灯电路、灯丝报警电路、计轴设备控制电路、断路器报警电路、紧急关闭按钮报警电路、计算机联锁系统接口电路同正线联锁区。

1. 信号机点灯电路

对于信号机点灯电路，在试车线上试车时，试车线上的列车信号机在 CBTC 模式下灭灯，在后备模式下亮灯，调车信号机（除与试车线上与列车信号机并置的同向调车信号机外）亮白灯。试车线上并置的同向的列车信号机、调车信号机不同时亮灯（列车信号机亮灯时，调车信号机灭灯；列车信号机灭灯时，调车信号机亮白灯）。调车时，段内调车信号机均亮灯，列车信号机均灭灯。

2. 车辆段与试车线联系电路

车辆段与试车线之间必须设联系电路，采用继电路。车辆段与试车线的联系电路举例如图5-5所示。

车辆段与试车线的信息交互内容如表5-8所示。

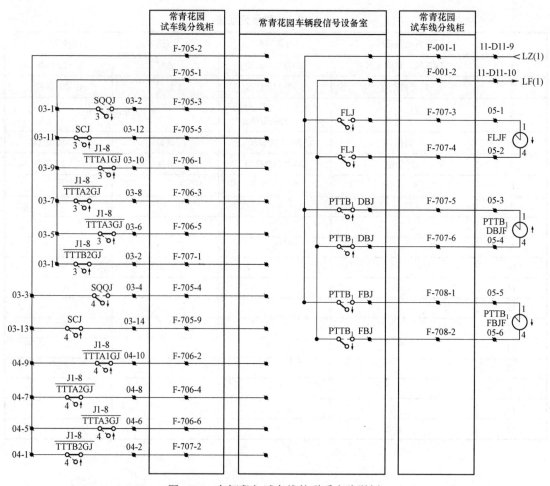

图 5-5　车辆段与试车线的联系电路举例

表 5-8　车辆段与试车线的信息交互内容

传递方向	继电器名称	定位状态	吸起时机	落下时机
试车线→车辆段	SQQJ	↓	办理试车请求后	办理非进路调车作业后
	SCJ	↓（取反复示）	办理试车按钮后	办理取消试车手续后
	GJ	↑	轨道区段空闲	轨道区段占用
车辆段→试车线	FLJ	↓	车辆段办理非进路调车作业后	车辆段取消非进路调车作业后
	DBJ	↑	道岔定位时	道岔非定位时
	FBJ	↓	道岔反位时	道岔非反位时

　　车辆段和试车线之间按非进路调车作业进行，因此车辆段需要了解试车线办理试车的情况和轨道区段的状态，试车线需要了解车辆段办理非进路调车的情况和道岔位置。为此，试车线设试车请求继电器（SQQJ）和试车继电器（SCJ），车辆段设非进路调车继电器（FLJ），它们均由各自的 CI 驱动，采用有关的条件。车辆段与试车线的联系电路有驱动和采集电路，如图 5-6 所示。

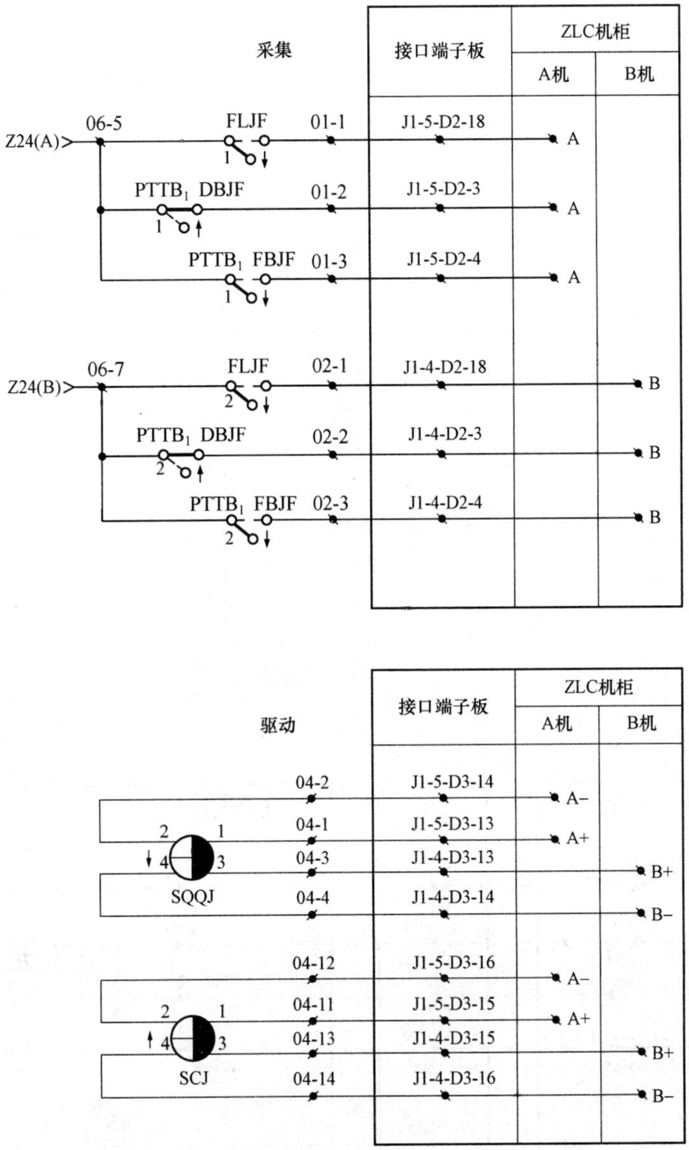

图 5-6　车辆段与试车线联系的驱动和采集电路

在试车线上试车时，需要人工保证试车线上有且只有一列列车，具体操作流程如下：

① 试车线值班员电话通知车辆段值班员，并按下试车请求按钮，SQQJ 吸起，车辆段办理非进路调车作业，SQQJ 落下。

② 试车线值班员按下开始试车按钮，SCJ 吸起（车辆段采用其反复示继电器采集其状态），检查 FLJ 吸起后，此时车辆段 CI 无法取消非进路调车。

③ 试车作业完成后，试车线值班员拉出开始试车按钮，SCJ 落下，试车线值班员电话通知车辆段值班员，调车作业完毕。

④ 车辆段取消非进路调车，检查道岔区段空闲后，延时 30 s 方能解锁。

在试车过程中，试车线设备实时监督道岔的状态。

3. 试车线按钮电路

试车线设有按钮盘，其上有"开始试车"按钮和"结束试车"按钮，如图 5-7 所示。试车线控制电路如图 5-8 所示，驱动和采集电路如图 5-9 所示。

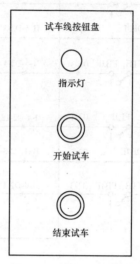

图 5-7 试车线按钮盘

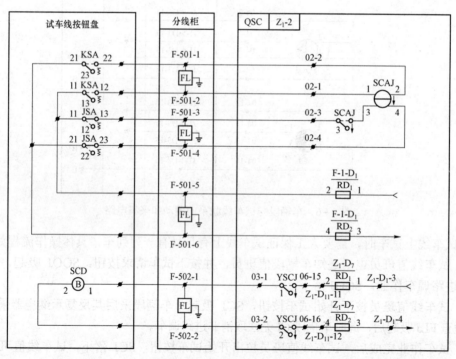

图 5-8 试车线控制电路

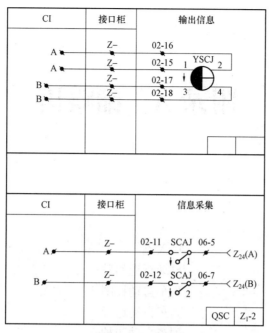

图 5-9 试车线驱动和采集电路

复习思考题

1. 什么是试车线?
2. 试车线有何功能?
3. 简述试车线的信号设备配置。
4. 阅读试车线的信号设备平面布置图。
5. 阅读试车线的联锁表。
6. 简述试车线室内信号设备布置。
7. 试车线的信号组合如何运用?
8. 试车线的信号机点灯电路有何特点?
9. 阅读并分析车辆段与试车线联系电路。
10. 阅读试车线控制电路及驱动和采集电路。

附录 A 缩略语

A

AP	接入点
AR	自动折返驾驶
ATC	列车自动控制
ATO	列车自动运行
ATP	列车自动防护
ATS	列车自动监控
AXC	计轴器

B

B&A	操作和显示

C

CBTC	基于通信的列车控制
CI	计算机联锁
CPU	中央处理单元

D

DCS	数据通信系统

F

FEP	前端处理器

H

HMI	操作员工作站

I

I/O	输入/输出

L

LATS	车站 ATS
LCD	液晶显示器
LEU	轨旁电子单元

M

MODEM	调制解调器

P

PC	个人计算机

R

RM	限制人工驾驶

S

SDH	同步数字体系
SDM	联锁维护工作站
SM	列车自动防护驾驶

U

UPS	不间断电源

Z

ZC	区域控制器
ZLC	车站联锁

附录 B　名称代号对照表

A

AT   矮型特种断面

B

BJ   报警组合、报警继电器
BJQ   报警器

C

CD   出段信号机
CFX   出站兼防护信号组合
CJQ   插接器
CK   出库信号机
CQX   出站、防护、区间信号组合
CT   道岔通用组合

D

D   调车信号机
DBJ   道岔定位表示继电器
DCJ   道岔定位操纵继电器
DCQDJ   道岔启动继电器
DG   道岔区段
DJ   灯丝继电器
DJF   道岔表示电源负极
DJZ   道岔表示电源正极
DQJ   道岔启动继电器
DSBJ   灯丝报警继电器
DXJ   调车信号继电器
DY   电源组合

F

F	分线柜
FBJ	道岔反位表示继电器
FCJ	道岔反位操纵继电器
FLJ	非进路调车继电器
FWJ	复位继电器、计轴复位组合

G

GDJ	轨道停电继电器
GJ	轨道继电器、轨道继电器组合
GJF	轨道复示继电器、轨道电源负极
GJJ	轨道停电报警继电器
GJZ	轨道电源正极

H

HZ	终端电缆盒

J

JD	进段信号机
JGJ	接近轨道继电器
JK	接口柜、进库信号机
JNQ	节能器
JX	进段信号组合

K

KF	控制电源负极
KZ	控制电源正极
KZKFJ	控制电源继电器

L

LS	零散组合
LXJ	列车信号继电器

R

RSBJ	熔丝报警继电器

S

SCJ	试车继电器

SQQJ	试车请求继电器
SYSAJ	联锁系统电源 A
SYSBJ	联锁系统电源 B

T

TDF	道岔辅助组合

W

WXJ	微电子相敏轨道电路接收器

X

XJF	信号点灯电源负极
XJZ	信号点灯电源正极

Y

YXJ	引导信号继电器

Z

Z	组合柜
Z24（A）	联锁 A 机采集电源
Z24（B）	联锁 B 机采集电源
ZD	电动转辙机
ZDA	道岔总定位按钮
ZDJ	交流电动转辙机
ZDX	阻挡信号组合
ZFA	道岔总反位按钮
ZHG	转换轨
ZL	站联

参 考 文 献

［1］朱宏，林瑜筠. 城市轨道交通概论［M］. 北京：中国铁道出版社，2011.

［2］林瑜筠. 城市轨道交通信号［M］. 3 版. 北京：中国铁道出版社，2015.

［3］林瑜筠. 城市轨道交通信号基础设备［M］. 北京：中国铁道出版社，2012.

［4］林瑜筠. 城市轨道交通联锁系统［M］. 北京：中国铁道出版社，2013.

［5］林瑜筠. 城市轨道交通列车自动控制系统维护［M］. 北京：中国铁道出版社，2014.